大展好書　好書大展
品嘗好書　冠群可期

大展好書　好書大展
品嘗好書　冠群可期

老拳譜新編18

萇氏武技全書（合訂本）

劉義明 編著

大展出版社有限公司

策劃人語

本叢書重新編排的目的，旨在供各界武術愛好者鑑賞、研習和參考，以達弘揚國術，保存國粹，俾後學者不失眞傳而已。

原書大多為中華民國時期的刊本，作者皆為各武術學派的嫡系傳人。他們遵從前人苦心孤詣遺留之術，恐久而湮沒，故集數十年習武之心得，公之於世。叢書內容豐富，樹義精當，文字淺顯，解釋詳明，並且附有動作圖片，實乃學習者空前之佳本。

原書有一些塗抹之處，並不完全正確，恐為收藏者之筆墨。因為著墨甚深，不易恢復原狀，並且尚有部分參考價值，故暫存其舊。另有個別字，疑為錯誤，因存其眞，未敢遽改。我們只對有些顯著的錯誤之處，做了一些修改的工作；對缺少目錄和編排不當的部分原版本，我們根據內容進行了加工、調整，使其更具合理性和可讀性。有個別原始版本，由於出版時間較早，保存時間長，存在殘頁和短頁的現象，雖經多方努力，仍沒有辦法補全，所幸者，就全書的整體而言，其收藏、參考、學習價值並沒有受到太大的影響。希望有收藏完整者鼎力補全，以裨益當世和後學，使我中華優秀傳統文化承傳不息。

為了更加方便廣大武術愛好者對古拳譜叢書的研究和閱讀，我們對叢書作了一些改進，並根據現代人的閱讀習慣，嘗試著做了斷句，以便於閱讀。

由於我們水平有限，失誤和疏漏之處在所難免，敬請讀者予以諒解。

序

當今熱愛中華武術、習武之風已吹遍世界各地。亙古至今，我國武術源遠流長已經數千年歷史，諸家拳派如同百花爭妍各具特色，傳統內家拳派中形意、八卦、太極也深得國人之喜愛，在這武術的百花叢中，清代崛起的萇氏武技為中原大地的又一著名拳派。

萇氏武技簡稱萇家拳，為河南汜水萇乃周所創，它以其精闢的理論學說、正大淳厚的功法、奇幻莫測的實戰技法、內容豐富的各個套路而自成體系，獨樹一幟，並以其獨特魅力，深受武林名家所推崇。最為顯著的特點是，萇氏每套拳譜、每式拳名皆有詩詞注解，最多者炮拳達一百首之多，眞乃文武並舉，武林界頌他為儒拳師萇樂臣之雅號。萇氏拳論著頗多，理法精微，《中氣論》、《武備擇要》兩部武學較為完整、系統地闡述了人體內與外、氣與形、陰與陽、剛與柔之間的相扶相承、相互制約、變化循環的精深哲理與自然科學。萇氏功法動勢注重煉氣養神、煉神合氣，做到心與氣合、以意行氣、以氣催形，蓋動靜互根、溫養合法而達到練形以合外，煉氣以實內，內外合一，氣催形動。

萇氏武技自清代萇乃周著書立說、創拳立派，迄今已近三百年歷史，而萇氏拳譜秘笈歷代相傳，外人得之不多。拳譜公之於世是在民國十二年，由汲具華記石印局出版的《青龍出海拳譜》，自至民國二十一年，徐震整理出版的《萇氏武技全書》，其內容包括「中氣論」、「武備技要拳理」及「二十四字拳」，書中圖像也非原有古圖，因由公開發行面世，至今老一代武林名家多有收藏，而民國兩次發行的拳譜較之萇氏原本拳譜秘笈，充其量為十之一二而已。

萇氏武技中拳術與器械內容豐富多彩，各具特色，在共同的功法要旨裏，又有其獨自的形體與技擊風格。「二十四字拳」有二十四字論詩詞一首，每勢中又有兩首詩詞歌訣，明其要領與打法。其動勢注重心意之念，行氣中開筋催骨、柔姿連綿、勢勢呼吸吐納、運轉丹田之氣如乾坤變化，合天地之道，柔中藏剛，落點剛勁，蓄含暗勁發放，整式套路行氣如流水，骨節開動，節節貫穿；「大羅漢拳」形似十八羅漢之態，動勢似醉非醉，柔而輕靈；落點剛發勇猛，似如雷劈，運勢緩急相應，看似笨緩，落點迅疾，套路短小精幹。「青龍出海拳」動勢中剛柔相濟，老少相隨，起縱串跳形似猿猴，地盤下勢如游龍戲水，拳分新老兩路；「二十四大戰拳」為萇乃周中年編創的得意傑作，其勢直攻快進，招式連環，攻勢勇猛，落點發力，套路勢中攻多守少，氣勢宏大，形神兼備；「炮拳」一百零八式，萇家功夫拳法技法全面，陰陽循環，技法閃展騰挪、踢蹬踹彈，行氣發力剛柔相濟，是萇氏習武者必經之路。除上述外，還有白虎拳、黑

虎拳、小洪拳、猿猴拳、小羅漢拳等套路，皆有圖譜，勢勢精妙，各顯風采。

萇氏兵器與拳術相較更是錦上添花，可謂五花八門、稀有絕妙，除四大兵器中單劍、春秋大刀、二十四刀、四槍八槍之外，較有代表性的有：「三十六槍」，又名恒侯槍，即三國張飛之槍法，此槍源於汜水虎牢關張八之神槍，經萇乃周改編為三十六槍。其槍行氣發力、身槍合一；技法運用粘隨滑脫、擠崩挑壓、旋滾擰轉、劈翻撩刺，技法多變，形神兼備，風格顯著，別具一格。「猿猴棒」也稱三十六棒，此棒源於峨眉大師冉道，傳於萇乃周二十四棒，後融萇氏風格創編為猿猴棒。其表現為猴體形態，打法神奇，勢中棍走兩頭，一頭閃滑旋滾、破敵兵器；另一頭借前勢封化，擰腰發力，棍擊敵身，一勢的呼吸之中防化聚氣、攻敵發力一氣呵成，既有猿猴輕靈柔化之巧，又顯猛虎疾快之爆力，武林名家用四字稱頌此棒之技：精、奇、絕、妙。「雙劍」源於古隋王新象與冉道所傳呂祖雙劍而集兩家之精華編創為萇氏雙劍，技法演示身劍合一，一劍封化，一劍擊敵，雙劍飛舞陰陽循環，剛柔相濟，上下穿插，左右迂迴，柔化封敵聚氣，剛發如閃電迅疾，劍走弧線點刺崩挑，旋化滑滾，勢動以氣催形、形氣催劍，剛力突現，一勢到家。「猿猴對棒」為萇氏兵器之精粹，透過對練可豐富提高實戰技法的應用；其動作變化怪異奇巧，譎詐莫測，散戰對練你上我下，你左我右，你前我後，忽大忽小；技法應用旋滾擠壓，粘隨滑脫，挑崩劈撩，反掄橫掃，穿插擰翻；棍中含有槍法，呼吸往來，氣催棍發，身棍合一；身勢變化側、正、附、仰，上挑下躦如游龍入水，步勢輕柔快捷，勢到力發。「雙劍對槍」是以短制長、長短相濟的對打套路，技法突出粘、隨、滑、脫四字。打法應用槍劍相交，上下翻滾，左右飛旋，如膠似漆，其表現你走我隨，我進你粘，時緩而急，時柔而剛，槍劍

絞纏變化莫測，實不可多得之絕技。除以上套路外還有雙鐧、雙鐮槍、純陽劍、虎尾鞭、單劍對槍、一百零八槍等，都有各自不同的風格特色。

總之，萇氏武技以其豐富的套路內容、別具的功法訓練、奇幻多變的技擊招式、養身健體之秘術問世於豫中武壇上。它像一顆璀璨的明珠，以其獨有的特色而閃耀著光芒。

萇氏武技是河南傳統武術中的著名拳派，也是中華武術的珍貴遺產，有待我們進一步探索、研究，將之發揚光大。筆者作為萇氏武技第八代繼承人，有責任將之傳承下去，讓更多的武林同好瞭解、認識和學習這一優秀拳種。在出版發行《萇氏武技全書》的同時，筆者將繼續推出萇氏武技新版系列，並配有VCD光碟，以期讓這一稀有獨特之武技散發出更加璀璨的光彩。

劉義明

目錄

第一集 中氣論

卷一 總論篇

一、論中氣

中氣者，即仙經所謂元陽，醫者所謂元氣，以其居人一身之正中，故武備名曰中氣。此氣即先天真乙之氣，文煉之則為內丹，武煉之則為外丹。然，內丹未有不借外丹而成者也。蓋動靜互根，溫養合法，自有結胎還元之妙。俗學者不諳中氣根源，唯務足蹈手舞之患，欲入元竅，必不能也。凡人自有生以來，稟先天之神以化氣，積氣以化精。當父母媾精，初凝於虛危穴內。虛危穴前對臍，後對腎，非上非下，非左非右，不前不後，不偏不倚，正居人一身之當中，稱天根，號命門，即易所謂太極是也，真陰真陽，俱藏此中，神實賴之。

此氣之靈明，發為五臟之神：心之神、肝之魂、脾之意、肺之魄、腎之精與志。賴此主持，呼吸依之，吸採天地之氣，呼出五臟之氣。呼自命門，而腎、而肝、而脾、而心、而肺；吸自肺而心、而脾、而肝、而腎、而命門，十二經十五絡之流通系焉。經絡者，氣血之道路也。人一呼氣血流三寸，呼吸定息共行六寸。人一日一夜凡一萬三千五百息，晝夜行八百一十丈，陽行二十五度，陰亦行二十五度，共計晝夜凡五十度，遍周於身，自臟腑而出於經絡，自經絡而入於臟腑，從此乃生兩儀，乃生腎而骨（腎有左陰右陽），腎屬水臟，水能生木。肝屬木臟，而生筋；筋附於骨，乃生肝而長筋，木能生火。心屬火臟，而主血脈，火能生土。脾屬土臟，而生肌肉，土能生金。肺屬金臟，而主皮毛，乃生肺而長皮毛。五臟以次而長，六腑以次而生，是形之成也。因真乙之氣，妙合而成，氣之聚也，由百骸畢具而寓，一而二、二而一，原不可須臾離也。武備如此，練形以合外，煉氣以實內，堅硬如鐵，自成金剛不壞之體，則超凡入聖，上乘可登。若云敵人不懼，尤其小焉者也。

二、論 頭

頭圓像天，為諸陽之會，為精髓之海，為督任脈交會之處，統領一身之氣，陰陽入扶，全視乎此。此處（點校：此處漏有「合，則一身之氣俱入，此處」等字）不合，則一身之氣俱失。其氣之結聚落點，有一定之處，不可不知。正俯勢為入陽氣，頭必俯而栽，氣落額顱印堂間。正仰勢為入陰氣，頭仰而掀，氣落腦後風府間。正側勢為陰陽氣俱入，頭必側而栽，氣落頭角耳上邊。斜側俯勢為陰陽氣斜入，頭必俯而歪，氣落額角日月間。直起勢不偏不斜，不俯不仰，為陰陽氣直入，鼻必正而直，氣落百會正頂心。又要知催氣之法，為不牽扯。如仰勢入陰氣，下頦掀，胸必昂，腹必鼓，手必舉，足必趟，則三尖一氣，陰氣自入矣。俯勢入陽氣，下頦抅，背必弓，手必落，腳跟掀，則三尖一氣，陽氣自入矣。側勢陰陽齊入，顒必掀，肋必提，一腳顛，一腳落，一膊起，一膊插，則三尖一氣，陰陽併入矣。直起勢陰陽上衝，頭必頂，肩必聳，腳起縱者，趟必提膝。不起縱提膝者，顛尖伸膝，則三尖一氣，陰陽俱入矣。側斜俯仰，可以類推。

三、論　足

古人云：頭圓像天，足方像地。又云：手有覆有反，以像天。足有覆無反，以像地，載全身之重，靜如山嶽，有磐石之穩；動如舟楫，無傾仄之憂，如地之鎮靜而不動，平穩而難搖也。其用法有虛實，有兩腳一虛一實者；有兩腳前虛而實，後虛前實者；有左虛而右實者，右虛而左實者；有一腳之尖根楞掌，應虛而應實者。總之不實則不穩，全實則動移不利，而有傾倒之患；不虛則不靈，全虛則輕浮不穩，而有搖晃之憂，虛實相濟，方得自然之妙。足有伸翹，足有尖伸而下入者，氣下降而沉栽也。足尖翹而上勾者，氣上升而浮飄也。有橫順，有兩腳齊橫者，有兩腳齊順者；有丁字步，一腳橫，一腳順；有八字步，兩腳微往外開，如八字樣也；有雁行步，兩腳半橫半順排列一樣，如雁行之齊也。有輪擺，輪有半旋輪、側栽車輪、俯仰無底觔鬥輪；擺有外擺、內擺；有灑蹬，灑腳後伸，蹬腳前僅有踢跺，踢腳前翹，跺腳橫截；有擰搗、擰腳尖旋、搗腳跟榨，能催送一身之氣。身去腳不去，則牽扯而氣

散，何以扶助前手之力？前手之氣在後腳，後腳不隨，身氣不入，終只半勒，氣不充滿。足為百骸之舟楫，一身之領袖，少有不合，全體之氣，俱不入矣。步法之用不可不細為區別。側勢前撲者，雁行步，半斜半順也；十字步前探者，丁字步前微橫，後全順也；倒吊曳身者，亦丁字步，前步後橫，後步顛順也；小四平墜落者，八字步尖往外開；直身上竄者，雙顛步亦齊展，腳背尖直豎也。起縱步一腳起一腳落；前進步者，後步先動，後退者，前步先動，起要翹腳尖，落要伸腳尖；擠步側身前進者，俱橫步；擠步正身進者，前步微橫後全順，俱是後步先動，擠步前進，後催前也；搶步仄身前進者，俱橫步。搶步正身前進者，前步橫，後步順，俱是前步先動，搶進攜後，前帶後也；拉身側身後退者，兩腳俱橫。拉步側身後退者，前步橫後步順，俱是後步先動，將前步扯回也；起縱橫跟踐者，左踐先動右步，右踐先動左步，起翹腳尖，落伸腳尖也；亂點無定步，兩腳尖擎點任意也；紐繧步，輪旋腳俱顛，落點外楞著力。推我後退，兩腳尖顛擎；推我不倒，外摟前栽。弓背磕頭，兩腳齊顛，硬膝退踐，車輪腳伸尖直腿，不可拘腳以其勢，不逆其氣，步法之用，斯得之矣。

四、論　手

吳氏澄曰：手有五指，指有三節，而大指一節，隱於大指之內，像太極也，共十五節，兩手合數，共三十節，以像一月三十日。日冬短夏長，春秋平，故中指屬心，主夏，獨長，火也。小指屬腎，主冬，獨短，水也。食指屬肝，主春木；無名指屬肺，主秋金，二指等齊，春秋平也。大指屬脾，主土，旺於四時，兼乎四德，獨當一面，故四缺其一二，尚能持物，若無大指，則無用矣。其相合妙，不假借，不強制，自有天然之巧。其指法，研手，氣落小指外側；蕩手，氣落後掌。此二手五指併排一片，指尖翻趫，餘手俱宜五指圈撒，羅列周圍，指節扚握如弓，氣方揫聚不散。

如豎敵手、回扚手，大指與小指相對領氣，水必合土，天一生水，得地之五而成六也。平陰手、平陽手，大指與中指相對領氣，火必合土，地二生火，得天之五而成七也。仰邀手，大指與食指相對領氣，木必合土，天三生水，得地之五，而成八也。陰掤手大指與無名指相對領氣，金必合土，地四生金，得天之五，而成九也。是金木水火一無土之不可也，知此，則指相合有一定不易之理也。分毫有錯，氣即不入矣。至於用法，則有九則，直出直回，一也；仰上擢挑，二也；俯下沉栽，三也；外扚外擺，四也；內扚抱摟，五也；斜擢右上，六也；斜劈左下，七也；斜領左上，八也；斜摔右下，九也。四正四隅，兼以直出中路，又合乎九宮焉。

五、論 拳

拳者，屈而不伸，握固其指，團聚其氣。其攥法，以大指尖掐對第三節橫紋，四指蜷緊握固，一齊著力，必使分之不開，擊之不散，方為合竅。此乃土貫四德、五行團聚之法也。其用法亦有四正四隅，合之中宮九法，其氣亦非鋪滿身，落點有一定之處，隨勢體驗，不可混使。如平陰拳下栽者，中指二節領氣。平陽拳上衝者，中指根節領氣。側拳上挑者，大指二節領氣。側拳下劈者，小指根節領氣。不拘側平直衝，小指根節二節中間平面領氣。明乎此，餘可以類推矣。

六、論三尖爲氣之綱領

凡事專一則治，以其有主宰，有統帥。雖有千頭萬緒之多，而約之總歸一轍也。如行軍有主帥之運籌，治家有家長之規矩，方同心協力，於事有濟。練形煉氣，動關性命，其氣之統領，氣之歸著，可不究哉！

頭為諸體之會，領一身之氣。頭不合，則一身之氣不入矣。如俯勢而頭仰，則陽氣不入矣。仰勢而頭俯，則陰氣不入矣。左側俯視而頭反右歪，則右半之陰陽不入。右側俯勢而頭反左歪，則左半之陰陽不入。側仰勢亦然。直起勢頭反縮，則下氣不得上升。直落勢頭反頂，則上氣不得下降。旋轉而右，頭反左顧，則氣不得左入。旋轉而左，頭反右顧，則氣不得右入。三陰止於手之內，三陽起於手之背，為臂臑血氣之道路。指法之屈伸聚散，手腕之俯仰伸翹，一有不合，則膊氣不入矣。如平陽手直出者，而反掌扚手，氣亦不入。平陰手直出者，而反掌扚手，氣亦不入。陰手下栽者，掌翹，則陽氣不入。陽手上衝者，掌翹，則陰氣亦不入。平陰手前蕩者，腕勾，則陰氣不入。平陽手栽打者，腕勾，則陰氣亦不入。側手直打者，跌手，則氣不入。側手沉入者，翹手，則氣亦不入。餘可類推。三陽止於足之背，三陰起於足之下，為腿胯往來血氣之道路。一足之尖根楞掌，腳脖之伸翹內外，一有不合，則身氣不入矣。如仰勢踢腳，若尖伸，則陽氣不入。俯勢栽腳，若尖翹，則陰氣不入。起勢直竄，若尖伸，則氣不得上升。落勢下墜，若尖翹，則氣不得下降。

七、中氣說（肝起肺落）（中氣歌）

氣由腎發，自後而前，由襠中過來，自下而直往上衝，必須下閉穀道，氣方不下泄。至氣上衝至胸上，幾乎欲出矣，必須用口盡力一吸，上閉咽喉，氣由上而直下，至丹田。兩肩一塌，兩肋一束，氣自擎於中宮，不至胸中無物矣。吸氣即所謂納氣如吞川也，氣須在身正中，直上直下，只可以意知之，以神會之。若必執而求其模樣若何，形跡若何，則鑿矣，摸矣，不唯無功，而且得病不輕。

肝起肺落

終始萬物春與秋，陰陽升降一氣周，欲明肝起肺落者，只在呼吸個中求。蓋肝屬木，故能生火，肝火動，則氣自下而升於上，陽也。氣者，力之所由生也，而氣力之根源，在命門中極，故曰陽氣在下。肺屬金，金剋木，故能約肝氣而使之下降。降者陰也，故曰陰氣在上。在下之氣發動而不可遏者，陽氣上升也；在上之氣納閉而不使出者，陰氣下降也。二氣相交於中宮，故曰中氣。

中氣歌

莫道嬰姹兩離分，中有黃婆作奇姻。顛倒交媾黃屋裏，相偎相抱更相親。

八、論剛柔相濟

勢無三點不落，氣無三盡不盡也。蓋落處盡處是氣聚血凝止歸之所，用剛法；而間陽間陰，是氣血流利，宜用柔法。不達乎此，純用剛法，則氣鋪滿身，牽拉不利，落點必不勇猛。純用柔法，則氣散不聚，無有歸著，落點亦不堅硬。應剛而柔，則氣散不發。應柔而剛，則氣散不散，皆不得相濟之妙。故善用剛柔者，如蜻蜓點水，一沾即起。過氣如風輪，旋轉滾走不停，必如是，則剛柔得宜，方能無氣歉不實、澀滯不利之患。

九、論面部五行

怒動肝兮聲動心，鼻縱氣促發肺金，唇綳開撮振脾氣，眉皺睛注腎家尋。五行之氣，內合五臟：肝合木，心合火，脾合土，肺合金，腎合水；外通七竅：目為肝之竅，耳為腎之竅，口為脾之竅，鼻為肺之竅，舌為心之竅。其精華注於目，其五色分為五岳。額顱為南岳，色赤；地閣為北岳，色黑；左顴為東岳，色青；右顴為西岳，色白；鼻準為中岳，色黃。又眉側生屬肝木，鼻通清氣屬肺金；眼聚精華屬腎水；舌司聲音，發自丹田，屬心火；唇司容納，屬脾土。凡一動之間，勢不外屈伸，氣不外收放。面上五行形象，亦必隨之相合，方得氣勢相兼之妙。故收束勢者，氣自肢節收束中宮，面上眉必皺，眼包收，鼻必縱，唇必撮，氣必吸，聲必噎，此內氣收而形象聚也。展脫勢者，氣自中宮發於

肢節，面上眉必舒，眼必突，鼻必展，唇必開，氣必呼，聲必呵，此內氣放而外像開也。留心熟練，內氣隨外，外形合內，內外如一，堅硬如石，方用引法。初以手拍之，次以拳打之，末以石袋木棒擊之。由輕而重，漸引漸實，自不慮面上無氣矣。俗學不悟，謂故作神頭臉，怪模怪樣以驚人，豈通元達理之士哉！

十、論聚精會神氣力淵源

神者，氣之靈明也，是神化於氣，氣無精不化，是氣又化於精於。蓋人之生也，稟先天之神以化氣，積氣以化精，以成此形體。即生以後，賴後天水穀之津液以化精，積氣以化神，結於丹鼎，會於黃庭，靈明不測，剛勇莫敵，為內丹之至寶，氣力之根本也。故氣無形，屬陽，而化於神。血有質，屬陰，而化於精。神虛，故靈明不測，變化無窮。

精實，故充塞凝聚，堅硬莫敵。神必借精，精必附神，精神合一，氣力乃成。夫乃知氣力者，即精神能勝物之謂也。無精神，則無氣力矣。武備知此，唯務聚精會神，以壯氣力。但不知精何以聚，神何以會，是殫畢生之心力，而漫無適從也。豈知神以氣會，精以神聚。欲求精聚神會，非聚氣不能也。聚之之法，唯將穀道一撮，玉莖一收，使在下之氣，盡提於上，而不下走；採天地之氣，盡力一吸，使在上之氣，盡歸於下，而不上散，下上凝合，團聚中宮，則氣聚而精凝，精凝而神會，自然由內達外，無處不堅硬矣，即南林處女所謂「內實精神」之說也。但須練之於平日，早成根蒂，方能用之當前，無不堅實。不然，如炮中無硝磺，弩弓無弦箭，滿腔空洞，無物可發，欲求勇猛疾快，如海傾山倒，勢不可遏，必不能也。此練形煉氣之最緊者，謹之秘之，切勿妄泄，以遭天譴。

卷二　陰陽篇

一、陰陽轉結論（歌訣）

天地之道，不外陰陽，陰陽轉結，出自天然。故靜極而動，陽繼乎陰也；動極而靜，陰承乎陽也。推而至於四時，秋冬之後，續以春夏，收藏極而發生隨之；春夏之後，接以秋冬，發生極而收藏隨之。陰必轉陽，陽必轉陰，乃造化之生成，故能生生不窮，無有止息。人稟天地之氣以生，乃一小天地，其勢一陰一陽，轉結承接，顧不論哉。故高者為陽，低者為陰；仰者為陽，俯者為陰；伸者為陽，屈者為陰；動者為陽，靜者為陰；正者為陽，側者為陰。勢高者必落之低，陽轉乎陰也。若高而更高，無可高也，勢必不連，氣必不續。勢低者，必起之以高，陰轉乎陽也。若低而更低，無可低也，勢必不連，氣必不續。俯仰屈伸，動靜側正，無不皆然。間有陰復轉陰，陽復轉陽者，此一氣不盡，復催一氣以足之也。非陰盡轉乎陰，陽盡轉乎陽也。明乎此。轉關有一定之勢，接落有一定之氣，無悖謬，無牽扯矣。蓋勢之滑快，氣之流利，中無間斷也。一有間斷，則必另起爐竈，是求快而反遲，求利而反鈍也。

歌　訣

陰轉陽兮陽轉陰，陰陽轉接互有根。
欲知陰陽轉結理，還向陰陽轉處尋。

二、陰陽入扶論

練形不外陰陽，陰陽不明，從何練起。仙經之督脈，行於背之當

中，統領諸陽經；任脈行於腹之當中，統領諸陰經。故背為陽，腹為陰，二經下交會陰，上會齦交，一南一北，如子午相對，又如坎卦居北之正中，離卦居南之正中，一定不易也。俯勢為陰勢，卻是入陽氣，益督脈，領諸陽經之氣，盡歸於上之前也。仰勢為陽勢，卻是入陰氣，益任脈，領諸陰經之氣，盡歸於上之後也。

三、入陽附陰入陰附陽說

以背為陽，太俯而曲，則督脈交任，過陽入陰，陽與陰附合也。腹為陰，太仰而彎，則任脈交督，過陰入陽，陰與陽附合也。陰催陽，陽催陰，循環無端，凡觔鬥旋轉勢用之。

四、入陽扶陰入陰扶陽說

以俯勢入陽氣，不將陰氣扶起，則偏於陽，必有領拉前栽之患。仰勢入陰氣，不將陽氣扶起，則偏於陰，必有掀推後倒之憂。故俯勢出者，落點疾還之以（點校：此處漏「仰勢，使無偏於陽也；仰勢出者，落點疾還之以」等字）俯勢，使無偏於陰也。陰來陽逆，陽來陰逆，不偏不倚，無過不及，落點還元，即是此法。

推而至於屈者還之以伸，伸者還之以屈；高者還之以低，低者還之以高；側者還之以正，正者還之以側，以及斜歪紐縹，旋轉來往，無不皆然。逐勢練去，則陰陽交結，自有得心應手之妙，永無失著矣。

五、陰陽併入陰陽並扶說

此側歪勢也。側勢陰陽各居其半，故左勢側者，右邊之陰陽併入，以左邊之陰陽並扶之；右勢側者，左邊之陰陽併入，以右邊之陰陽並扶之。

六、陰陽分入陰陽分扶說

此平膊開合勢也。開胸合背者，陰氣分入陽分；開背合胸者，陽氣分入陰分。勢分兩邊，故氣從中劈開，分入分扶之。

七、陰陽旋入陰陽旋扶說

此平輪勢、紐縹勢、搖晃勢也。勢旋轉而不停，氣亦隨之而不息。陰

入陽分，陽入陰分，接續連綿，並無休歇。右旋左旋，陰陽旋相入扶也。

八、陰陽斜偏十字入扶說

此斜偏側身俯仰勢也。左斜俯勢，陽氣自脊右下提於脊左上，斜入左前陰分。右斜俯勢，陽氣自脊左下提於脊右上，斜入右前陰分，斜邀斜劈手用此。左斜仰勢，陰氣自腹右下提於腹左上，斜入左後陽分。右斜仰勢，陰氣自腹左下提於腹右上，斜入右後陽分，斜擢提手用此。

九、陰入陰扶陽入陽扶說

此直起直前，不偏不倚勢也。直身正勢，陽氣不得入於陰分，陰氣不得入於陽分，各歸本位。上至百會穴而交，下至湧泉穴而聚，陰陽入扶只在兩頭也。

十、陰陽亂點入扶說

此醉形勢也。醉形者，忽前忽後，忽仰忽俯，忽進忽退，忽斜忽正，勢無定形。氣亦隨之為入扶也，但亂之中隨時而布，陰陽不相悖謬，亂而卻不亂也。

以上總論一身之大陰陽，其入其扶如此。至於手背為陽，膊外為陽，三陽經行於手膊之外也。手太陽經起於手小指之背，手少陽經起於無名指背，手陽明經起於手食指背，皆上循膊外而走也。手心為陰，膊內為陰，三陰經行於手之內。手太陰經止於手大指內側，手厥陰經止於手中指內面，手少陰經止於手小指內面，皆循膊內而行也。足背為陽，腿外為陽，三陽經行於足腿之外。足太陽經止於足小趾內之次趾背，足少陽經止於足大趾內之次指背，足陽明經止於足中趾內之次趾背，三經皆循腿而止於趾背。足心為陰，腿內為陰，三陰經行於足腿之內。足太陰經起於足大趾內側下，足厥陰經起於足大趾內側上，足少陰經起於足小趾，過足心湧泉穴，三經皆循腿內。其腳尖之伸趫顛踏，膝胯之屈伸提落，雖用法無窮，而陰陽之入，自有一定。形合，則氣不牽扯。形不合，則氣必濡滯。逐處體驗，無遺纖屑為妙。

卷三　運氣篇

一、養氣論

夫氣者，上通九天，下通九淵，中橫九州，無處不有，無處不貫，密之在一心，充之周一身，發之有道，約須得訣。六腑雖主氣，而盡發於五臟。五臟雖約氣，而氣還出於六腑。六腑何在？在乎上。五臟何

在？在乎下。上下之中為何物？一曰黃房，二曰元關，三曰太極室，四曰道之樞紐。充於上為天關，極於下為地軸。天關出月窟，地軸發天根，天根月窟間來往，三十六宮都是春，氣之發也，若水之流，一呼千里，一吸千里，妙在盡心，氣之斂也，入於神室，其硬若金丹，其圓若走珠，其方其中矩。其發於頭也，有五行之分。其中於身也，有陰陽之殊。五行須隨陰陽，陰陽還自一氣，成至大至剛，天地不能容，所謂道通天地有形外，即此是者也。

此書所言煉氣，皆外壯法；若內壯，在易筋經。初學莫言煉氣，先將身法步眼比清。又不可使力，須因勢之自然，徐徐輪舞，務將外形安放一家，再令輕活圓熟，轉關停頓，操縱開合，一一如式，勢勢展施，將筋節骨骸，處處鬆開方得。每日須得百遍。

上在離，下在坎，離中虛，在頂際為陰。又坎中滿，在命門為陽。

中宮在臍下為黃房，陰陽交會之處。心為君火，命門為相火，君火動，相火隨之；君火為主，相火輔之，火即肝氣，陽也。坎宮之陽氣，由後而過於前，自下而升於上。離宮之陰氣，自上而降於下，二氣相交於中宮，則氣聚矣，氣聚則力生矣。

二、煉氣訣

氣以心為體，心以氣為用，五行本一心，陰陽無偏重。
上下周一身，部位各不同，前陰而後陽，仰輕而俯重。
陰還陰處結，陽還陽處動，上本是陰始，下卻是陽充。
上下凝乎中，中氣甚堅硬，周上衝乎天，周下勢如山。
左歸須右轉，右歸須左牽，前進若流水，上打如攀山。
落點似飛石，機發離弩弦，氣發若風聲，氣納如吞川。

前奔星趕月，後退如蓬轉，指須勾連用，兩肩如運鉗。

上下一氣結，民富國自安，曉得此中訣，煉之自無難。

凡一身之進退動靜，以心為主。心，君也，出令者也。心無形，唯無形，故能形形而不形於形，以意知者也。以命門為輔，命門氣之所從生，乃一身樞紐，宰相也，傳君之令也。以頭倡率手足，頭為眾臣中之主事者，為總督元帥、欽差大臣之類，皆是也。手足庶尹百執事之類是也。故每一勢之操縱收發，心先，命門為次，頭又次之，手足則次而又次之。

神動天隨，純任自然，若一矯揉造作，則鑿矣。操縱在手，變化從心，隨機而動，人力不與。

三、講正氣（勇氣根源）

志一撼動正氣，氣至動志，磨礪持志，善養浩然之氣，剛大充塞天地。人之賦性稟受，輾轉寤寐思維。其大無外小無內，費而隱兮隱而費。雖千萬語，總之是哄他舊力過去，新力未發而乘之。此語最當一訣。不貪心傷他，他動後我再動也可。若被他打急，往後跳退，切記。攔架之法，不外「開、合、挑、壓」四字，攔住以後方宜用入。往外撥為開，內撥為合，勿誤認。

勇氣根源

天地正氣集吾中，盛大流行遍體充。
孟氏所謂浩然者，更有何氣比其能。

四、借行氣

借行氣者，借人之氣方行而打之也。蓋彼之勢既發，已近我身，尚未落點（點校：此處漏「我即趁此機會，發我之勢，彼欲退不得，欲攔

不及，再無不妙之理。若稍前，」等字），則彼尚可退回，稍後，則我已吃虧，所謂後發先至者此也。如此，則迎機赴節，隨時得宜，不患技之不高矣。諸家所謂將計就計，借力使力，不外此訣，所謂驚戰勦正於此時用之。

五、納氣說

頭往上揚，則咽喉之氣易入口。上唇往上微縮，下唇往前朝，如象捲鼻。兩小眼角兩脈往下抱，至兩口角止。脊後之脈，自腰而上，從頂際過來，至上口唇止。前心自下至上，至下口唇止。納氣之形，只是四個圈，由左向右轉一圈，右向左轉一圈，由下往上轉一圈，由上往下轉一圈。頭面之形如此，總因捶勢用之。

六、過氣論

落點堅硬，猛勇莫敵，賴全身之氣，盡榨一處也。然有用之氣而不去，氣去而牽扯不利，未知過氣之法也。蓋人身之氣，發於命門，氣之源也；著於四末，氣之注也。而流行之道路，總要無壅滯，無牽扯，方能來去流利，捷便莫測。故上氣在下，欲入下莫牽扯其下；下氣在上，欲入上勿滯其上；前氣在後，順其後而前自入；後氣在前，理其前而後自去；左氣在右，留意與右；右氣在左，留意與左。如直撞手，入氣與前，不勒後手、撐後肘，氣不得自背而入。上衝手，下手不插，肩不下脫，氣不得自脅而上升。分擺者，胸不開，則氣不得入於後。合抱者，胸不閉，則氣不得裏於前。直起者，須勾其腳；直落者，須縮其頂。左手氣在右腳，右手氣在左腳。俯勢、栽勢、前探勢，掀其後腳之跟也。

墜落者，坐其臂；舉勢者，顛其足。栽磕莫翹其足，恐上頂也；蹄撩勿伸其腳，慮下扯也。擴而充之，勢勢皆然。總之，氣之落也，歸著一處；氣之來也，不自一處，唯疏其源，通其流，則道路滑利，自不至步步為營，有牽扯不前之患矣。

七、行氣論

此交手認路法也，手一出，氣著一面，不能四面俱著。力直出者無橫力，我截其橫；橫出者無直力，我截其直。上出者無下力，我挑其下；下劈者無上力，我打其上，斜正屈伸，無不皆然，此搗虛之法，攻其無備也。我出手，他若用此法，我不回手，唯轉手頭催二氣以打之。他再變，我再轉手頭催三氣以打之。此埋伏之法，出其不意，但須佔其行氣，方能入彀。蓋彼氣方來，其氣未停，我乘而催之，則可東可西，無不左右逢其源。其機只在一動，他動我即動，他自不暇為力，若待他不動我方動，他反乘我之行氣矣。其間不容毫髮，學者宜留心。

任他勇猛氣總偏，此有彼無是天然。
直截橫兮橫直截，一氣催二二催三。
由他滑快歸遠路，守我安逸自黏連。
為問是何來妙訣，只在行氣一動間。

八、講奪氣

聞之，與人交手，先有奪人之氣。夫交手而攔其手，謂之頭門；攔其肘，謂二門；制其膀根，謂之三門。故必出手先制其膀根，是謂登堂入室，探而取之，彼自不能轉手，而縱橫唯我矣。

志曰：攻其不備，出其不意。又曰：其勢險，其節短。又曰：貴神速，以逸待勞。此意須善領會。

靈活之法，無他道謬巧，總由熟而生，由靜而得。

盡者，將落點時，嫌力不足，氣不充，再將骨肉往一處，吃力一盡。如鳥銃，藥既裝入，再用鐵充充磁，令藥堅實，見火方有力，故曰：回轉。他本云：如飛電，當是既盡之後，發勢之時如此，非「盡」字莫解也。

九、點氣論

似夢裏著驚，似悟道忽醒，似皮膚無意燃火星，似寒侵膚打戰驚，想情景，疾快猛。原來真氣橫濃，震雷迅發，離火煙烘。俗學不悟元中竅，丟卻別尋那裏得醒。此著人肌膚堅硬莫敵，形而深入骨髓，截斷榮衛，則在乎氣。氣之所著未有不痛，痛則不通，理應然也。能隔氣血之道路，使之不接續，壅塞氣血之運轉，使之不流通，可以分骨截筋，斃命於頃刻，氣之為用大矣哉。但須明其聚，知其發，神其用，方能入彀。如射之中的，正形體不偏不倚，如矢之端直，鏃羽勻停。聚中氣，神凝氣充，如開弓弛張，方圓勒滿，而中的之神勇，可穿楊葉，可透七箚，乃在撒放之靈不靈也。故氣發如炮之燃火，弩之離弦，陡然而至。熟玩此詞，自然有得心應手之妙，切勿作閑語略過。

蓋神之所注，氣即聚焉；氣之所聚，神亦凝也。神氣凝聚，象即生焉；象之所麗，跡即著也。生者之神氣動乎此，亡者之神氣應乎彼，兩相翕合，逐結此形。故曰緣心生象，又曰至誠則金石為斷也。

十、三氣合一氣

頭一勢未交手，先聚氣。聚氣者，君火動，相火輔，由腰後而收於

前，陽氣從下上衝胸膈，口中納氣。由肺而落，陰氣下降，入於丹田，陰陽相交，所謂肝起肺落者也。此謂一合二勢。渾身俱往前進，下氣再往上衝，口再一納氣，納於臍之上、心之下。上身往下一榨，渾身骨節節攢住，務令堅實。身子雖猛勇向前，胳膊手俱往後攢，名為回還。回還者，半合也。如此，則勢進而氣益聚矣。蓋渾身向前一撲，手再回還，骨節自能攢緊，堅於鐵石，此二氣也。臨落點時，仍嫌力有不足，無可回還，再將骨肉往一處一束，名之曰「盡」，此謂三氣。譬如炮燃，捲得愈緊，則響得愈有力。始用功時，先要學聚，次學回還，再次學盡。功力熟時，三氣合一，方能有用。合則無處不合，開則無處不開。上為陽，下為陰；靜為陰，動為陽；退為陰，進為陽；氣往上衝為陽，下納為陰；背為陽，腹為陰；出手為陽，回手為陰，不可執一而論。仰為陽，覆為陰，柔過氣，剛落點。

卷四　用功篇

歌　訣（承停擎）（內外合）

承停擎

天地交合萬物生，不偏不倚氣均停。
千秋萬代長擎聚，唯有和合一氣通。

內外合

怒動肝兮聲動心，鼻縱氣促發肺金。
眼脆上下約脾氣，眉皺睛注腎家尋。
腳手動兮心亦動，心與神動氣自充。
真能內外合練法，金剛之體不難成。

一、合煉二十四勢

合煉之法，為煉形第五層功夫，乃形氣合一，成功之法也。其中起落高低，側正俯仰，斜歪紐縹，各有一定之法。統其勢，則有七十二，以應七十二候。充其勢，則有三百六十，以應三百六十五度。三百六十，繁而難演，唯撮其要而為七十二，又分而三之，則有上中下各二十四，以應二十四氣。上二十四勢起縱飛舞也。下二十四勢，地盤滾伏也。中二十四勢，不起縱，不地盤，中平之勢也。蓋人稟天地陰陽之氣以生，其升其降，自高而低，高而復低，三才分配，自然之理。但起縱地盤，初學不能驟習，唯此中二十四勢，雖不能盡中勢之變，然從此入手，可為初學階梯，習之殊覺易易。如式練成，再將上下四十八勢練熟，則奇正變化，自然生生不窮，又何必多記套數，以為歲月之累。前此練腿、練膊、練手、練足、練頭、練肩、練肘、練身、煉內氣、煉引氣、煉元氣諸說，皆是分煉之法。至於頭手腳如何合法，勢已轉接；如何連法，宜剛宜柔；如何用法，不經此番講究，此番磨煉，則三尖不照，落不穩當。三尖不到，此前彼後，陰陽舛錯，氣不接續，剛柔顛倒，牽上拉下，欲求穩如泰山，捷若狡兔，必不能也。蓋形以寓氣，以氣催形，形合者氣自利，氣利者形自捷，非兩事不假借也。煉之之法，勢勢窮，則三尖配合；動靜驗，則三尖畢集。陰轉陽，陽轉陰，勿隔位而另起爐竈。柔過氣，剛落點，須相濟而莫失倫次。上氣在下，下氣在上，詳其牽拉；前氣在後，後氣在前，理其阻滯。勢無三點不落，必三點方落點。氣無三催不至，不至三催莫出手。殺勢審其變化，救勢詳其周密。如是煉去，熟極巧生，不失規矩，神而明之，存乎其人。而世之練形者，不明此為最後成功練法，入手使用，又不洞晰此中詳細，以至倒行逆施，用力多而成功少。豈知此番講究，乃內丹根基，為天地所珍秘，非其人不傳，非其時不傳，非其地不傳。得吾道者，大可以返本還原，超脫飛升，小可以強筋健骨，卻病延年，非僅劈堅破銳，成此技藝而已也。凡我同志，宜謹之慎之，珍之秘之，勿致妄泄匪人，庶不至獲罪天譴，有負授者苦心。

練形合氣，煉氣歸神，煉神還虛。形者，手足官骸也；氣者，陽陰周流也；神者，心之靈妙、觸而即發、感而隨通也；虛者，無極也。陰陽本太極，太極本無極，至無而含天地之至有，至虛而含天地之至實。不參色相，不著蹄筌，以跡求之，則失矣。始不著力，方能引出自然之力，且可便於轉換，不至發難。

此說二十四字頭一勢。此二十四字只是一個氣，每勢必有氣，皆管此二十四字，但用去隨應變有差別耳。二十四勢，皆是納氣之法。納氣頭面形容之說，凡納氣皆以頭面為先，其要只是轉四個圈，左往右轉一圈，右往左轉一圈，前往後轉一圈，後往前轉一圈，皆是皺眉促鼻，上唇後束，下唇前朝，如象捲鼻之狀，所云納氣如吞川是也。蓋必如以口吞物，盡力一吸，氣方納得充實飽滿。前後左右四圈，因勢之自然，一勢只有一圈，非每一勢皆有四個圈。

二、咽肉變色論

此煉氣煉到成處，真元充足，由內達外，氣聚血凝，結成一塊之候也。人之生也，稟賦雖一，而得氣則殊，以五行有五性、五形、五色之同也。故稟木氣而生者，其形（點校：此處漏「瘦而長，其性多怒，其色蒼；稟火氣而生者，其形」等字）尖而削，其性多喜，其色赤；稟土氣而生者，其形短而厚，其性多鬱，其色黃；稟金氣而生者，其形白而

美，其性多悲，其色白；稟水氣而生者，其色肥而潤，其性多恐，其色黑。煉氣煉到至處盡處，無以復加，則功成圓滿，真氣充足，氣一收結，氣止血聚。血者華色也。氣血不行，肌膚隨氣，收貼於骨，五行真氣，盡現於外。各隨所稟以呈，乃有青黑赤白黃五樣顏色。其有一人而五色兼見者，此五氣兼稟，而色故雜見也。有遍體其冷如冰者，此真陽盡收中宮，而不達外也。明此則知肉之咽也，隨氣而來；色之變也，隨氣而化，出於天然，無幻術也。

三、二十四字論

陰陽字之祖，應為氣之先。陽者聳乎上，其勢不可攀。
陰者伏乎下，如雲之覆山。莫作呼吸論，只以升降言。
承者承乎上，停者氣不偏。擎者不可動，沉者氣下攢。

開掀如蕩舟，入者如水淹。盡筋多同轉，崩勢炮飛煙。
創盡勢猛勇，劈筋如刀砍。牽勢如牽繩，推勢如推山。
敵者直不屈，吃勢似運鉗。粘者即不離，隨者如星趕。
閃勢多旁落，驚如弩離弦。勾者勢多曲，連如藕絲牽。
進者不可遏，退者如龍蟠。次序休紊亂，大勢須分辨。
囑語後學者，此訣莫濫傳。

四、得門而入論

語云：活有外門，非外門及門外也。蓋拳之催人，必近其身，方能跌出。如物之藏室，不得其門而入，縱有神手，不能為也。手之門有三，手腕一也，此大門也；肘心二也，此進一層外二門也；膀根，三也，此更進一層三門也。進此三門，已進內院，可以升堂入室矣。故交手只在手腕者，則屈伸往來，任意變化，無窮無盡，手捷者先得手，慢者吃虧，終不能催人，一點即倒。著意肘心者，雖進一層，亦有變化，不能操必勝之權。唯一眼註定他人之膊根，不論他先著手，我先出手，只在此處留心，邀住他手，粘連不離，隨我變化，任意揮使，無不如意，他自不能逃我範圍。

五、十二節落氣論

三尖為氣之領袖，乃氣所歸著之處。人但知此三處宜堅實猛勇，不知落點宜全體堅硬如石，方能不懼人之衝突，不慮我之不敵也。其所以堅硬者，則在逐處之骨節。骨節者，空隙也，乃人身之谿谷，為神明之所流注。此處精神填實，則如鐵如剛，屈之不能伸，伸之不能屈，氣力方全。手有肩肘腕三節，腿有胯膝腳脖三節，左右相並，共十二節，乃人身之大骨節。手之能握，足之能步，全賴乎此。如石砂袋，逐層填實，雖軟物可使之堅硬。但氣落隨勢，有前後內外上下之分。如側身直勢，雙手前攉者，肘心氣填於上，手腕氣翅於上；肩俱脫，膝前彎後凸，氣填於後；腳脖伸展，氣填於前；胯俱內收，氣頂於內。側身雙手下劈者，肘心氣填於前，手腕氣榨於下，前肩脫下，後肩提起；前膝屈頂膝蓋，腳脖撅填脖，後胯屈，後膝顛伸，外側腳脖伸蹈，外側顛提，胯提，正身前撲；雙手側豎前打，肘心氣填於中，手腕氣實於外；肩俱脫，膝蓋前頂，氣實於前，腳脖屈握，氣頂於後，胯屈握。小四平兩手平托，肘心氣填於上，手腕氣填於內，肩俱脫，膝分擺，氣實外側，腳脖內側著力，外擺開。餘可類推。

六、頭手二手前後手論

外門入手相交，多失著者，以其有十失，故不能取勝。未交手不能聚氣於未然，空腔無物，氣發不疾不猛，其一失也。不知二手擱胸下，以顧上下衝擊，二失也。未交手先擱勢，空隙顯然，三失也。閃勢而進，不敢直進，舍近就遠，勞而不逸，四失也。進必上步，橫身換勢，寬而不秀，五失也。交手只在手腕，不知近身，六失也。放過頭手不打，七失也。二手敕住還不打，八失也。三手四手方才衝打，九失也。躲閃隔位，粘連不住，十失也。有此十失，交手焉能不敗。未交手即聚氣凝神，兩手交擱胸下，看他那腳在前，即貼近那邊身子，著意他膊根，此閃門之法。以待他之動靜，我先出手，照他膊根一伸，頭手即得，不俟二手。他先出手，我亦照他膊根即得，不必顧住他手，然後衝打，則遲而有變矣。蓋此法乃開寸離尺之巧，照他膊根此地開一寸，則手稍離一尺矣。又截氣搗虛之妙，所謂出其不意，攻其無備，迅雷不及掩耳者，此也。或遇捷手退晃打，我不換手，不屈膊，催二氣以打之。我擊他身左，他退左進右，我不回手，挪打他左膊根。蓋我在圈內，他在圈外，我以逸，他以勞，任他滑快，無不奇中。此前出手而前手打之秘訣。間亦有繼以後手，此用所當用，非強用也。若不當用而用，則動必橫身。每見用此而迎人之打者，蓋未見其有此失也。

七、三尖照論

練形不外動靜，動則氣擎不散，靜如山岳難搖，方能來去無著。每見俗學，動靜俱不穩妥，蓋未究三尖之照與不照也。三尖照，則無東斜西歪之患。三尖不照，則此牽彼扯，必有搖晃之失。如十字左腳前右手前者，右手正照左腳尖，頭照右手，則中下一線，不歪不斜，必穩。側身右腳前右手前順勢者，頭照右手，右手照右腳。餘仿此。

八、三尖到論

三尖到者，動靜一齊俱到也。不此先彼後，不此速彼遲，互有牽扯而不到也。蓋氣之著人，落點雖只一尖，而唯一尖之氣則在全體。一尖不到，即有牽扯，身氣不入矣。自練不靈快，摧人不堅剛，皆是此失。凡練形者，須刻刻留意此三處，方為合竅。

九、論外形

頭為一身之領袖，身使臂，臂使指，而命門乃一身之樞也。頭似蜻蜓點水，拳似山羊抵頭，腰如雞鳴捲尾，捲則氣由後往前收而不散。腳似紫燕入林，襠口前開後合，中間圓。咽頂百會穴在頂，湧泉穴在足心，會陰穴在兩便之間。百會穴氣往下榨，湧泉穴往上提，會陰氣擎住一身，上下之氣皆收入中宮，是之為合。

十、論用功（大小勢說）

起勢時氣要鬆活，氣要擎而不硬，落點方一齊著盡，使盡平生氣力，始得剛柔相濟之妙。

按，盡者，回還之後，再將骨肉往一處一盡，是盡向裏面，此則似盡向外矣。通身俱要氣擎，頂心往上一領，然後發勢，總之身要擱於兩腿正中，直起直落，方無斜歪不停之病。

腳不可平放，全腳履地，將力用死，致犯轉勢不捷之病。唯用腳尖著地，落點一盡，方無不穩不靈之患。

第一要三尖照，三尖頭手腳三尖也。其次要氣催三盡，盡者，艕也，頭手腳三艕也。

第一用功時兩胳脖俱要柔活，切不可使著力，拳頭要搦得緊，與胳膊平直相對，不可上仰下勾外邪。胳膊來去柔活，方能練到疾快猛地位，不致落於強硬死筋墜裏。拳頭搦得緊，直對胳膊，方能練得筋法出來，及粘著人皮時，渾身如打電形象。怒力一艕，三尖照落，方能打得結實著筋，而人難招架矣。若拳頭上仰如抬頭狀，下勾如提勾形，外邪如扭頂樣，不惟力用不出，打人不著重，落到人身，必致損傷自己手脖，而難用功矣。

攢骨節者，前骨節往後攢，後骨節往前攢，上骨節往下攢，下骨節往上攢，所謂合則無處不合也。

回環者，合之伴盡者，小回環。凡拳勢，有直入者，此發勢也。有

掄圓圈者，有將手一擰者，皆是回環之意，只以退為進一語盡之。但合在未合手之先，先將自己氣力一振，一聚回環，則即交手之時，所用之勢，因我身初進，未粘他身，上不必著力發洩，故必須回環以擎其氣。若即進彼身上，即便發勢，恐仍力有未足，故須再加一盡，氣力方勇而入莫當。

故學此道者，先掄大圈，漸掄漸小，迨於成時，則有圈而不見圈，純以意知，自不著跡。

大小勢說

合勢不嫌其小，欲氣合得足也；開勢不嫌其大，欲力發得出也，非徒長身為大，屈身為小。

力是自然之力，故初學必以不善力為是。

第二集　武備擇要

卷一　入門篇

一、論初學入手法

大凡初學入手時，兩肩務要鬆活，不可強硬。兩肘務要內斂向下，不可外圈。務要腳尖著地，絕不可平放，平放致起腳不利。前腳必須向前順踏，定要腳尖點地；後腳須斜放，亦不可太實，使全腳履地。至於頭隨勢轉，陰亦陰勢，陽亦陽勢；不陰不陽，頭亦不陰不陽勢；有斜歪紐縹，頭亦隨之斜歪紐縹。若兩手左右屈伸，則因入勢之遠近而用之，實無一定規矩，總因入之遠近高低屈伸，我手亦隨之遠近高低屈伸。唯兩腿之法，後腿曲直與前腿曲直，卻有一定規矩。前腿固不可太屈，太屈失於跪膝；又不可太直，太直嫌於直硬。後腿之曲直，全視步法之大小。大步法後腿舒展，力方用得出；小步法後腿與前腿曲直差別不大。身之俯仰亦全視步法之大小。大步法身必稍斜向前，半側勢；小步法身須放在兩腿當中，亦必半側勢。三尖照者，鼻尖、腳尖、手尖上下一線相照也；三尖到者，眼睛、拳頭、腳尖不先不後，一齊俱到也。三合者，腳手眼相合。凡出手要比何勢，打入何處，我眼神所注，手之所出，腳之所進，須一齊俱進，一齊俱到。凡打勢不論何勢，欲打人著力穩當，前腳不拘在人腳內外，須腳尖搶進他身後，三尖照落方好。若論開門，無分左右勢，我脖硬骨處插入他肘下軟肉上，用力劈之，如執斧破柴之狀，將人胳膊劈下，我拳隨之落點，始能得勢，而人不能滑脫。

落點情形，頭似蜻蜓點水，拳似山羊抵頭，腳似紫燕穿林。落點之理，恰似雲裏打電；發勢之機，好似弩離弓弦。學者潛心用力，方可造入精微之域。

初學莫言煉氣，先將身法步眼比清；又不可使力，須因勢之自然，徐徐輪舞，務將外形安放一家，再令輕活圓熟，轉關停頓，縱開一一如式，勢勢展施，將筋節骨骸，處處鬆開，方得為妙。

二、初學二十六條目

1. 學拳宜在靜處用功，不可向人前賣弄精神，誇張技藝，方能鞭策著裏。《論語》云：百工居肆，以成其事。君子學以致其道，信然乎。

2. 學拳宜鄭重其事，不可視為兒戲，則無苟且粗心之病。

3. 學拳宜明其理，傳其神，顧其名，思其形，方能精妙入細。

4.學拳無論偏正反側諸勢，宜將身子擱於兩腿中間，方能穩如泰山。少有歪斜，便是東扭西裂，南倒北痾，豈不蹉跎可笑矣。

5.學拳前腳橫立，大足指（點校：「指」字，既指手指，亦指腳趾，下同）心氣宜往內勾，後腳豎立，後跟往外一擰，兩膝相對，既無不牢之病，襠亦護得住了。

6.學拳步法，不可貪遠，恐倉皇失措，不無傾跌。但能跳得高，不愁不遠矣。「高」字當在「遠」字之上，「遠」字當在「高」字之下，良有以也。

7.學拳左動必右應，右攻必左輔，左右相生，方得陰陽周流之妙。

8.學拳用盡平生之力，方能強壯，如獅子搏象用全力，搏兔亦用全力，則全神畢赴，自無堅之不破矣。若曰：我本無力，不亦己乎。

9.學拳停頓處，宜沉著有力，轉關處，宜活潑隨機。

10.學拳力要用得出，氣要留得住。用得出，處處如戰；留得住，步步要擎；擎中有戰，戰中有擎；出沒變化，不可物相，物相則非矣。

11.學拳腳與手合，手與眼合，眼與心合，心與神合，神與氣合，氣與身合，再無不捷妙靈活之處。

12.學拳先以用功為上，一身血氣周流，方能渾元一氣。

13.學拳宜以德行為先，凡事恭敬謙遜，不與人爭，方是正人君子。

14.學拳一勢精靈，約得千遍，方能練熟。若不熟練，還是千遍。

15.學拳宜以涵養為本，舉動間要心平氣和，善氣迎人，方免災殃。

16.學拳不可令腐儒輩知，一知之，便自引經道古，說出多少執謬無幹話頭，反惹人心生嗔。謹避之可也，密藏之可也。

17.學拳不可輕與暴虐人比試，輕則以為學藝不高，重則觸其惱怒。見時以奉承為主，不可貶刺，則彼心悅意解，彼亦樂推戴我矣。

18.學拳不可輕泄於人，更不可妄傳於人。輕泄於人，則道聽塗說，必然不肯用心；而妄傳於人，則匪類生事，定是不得脫身。

19.學拳初時宜整頓身法，講究步眼，不可說先記住大概，熟時仔細再正，再正則終不正矣。易曰：蒙以養正，聖功也。

20.學拳宜做正大事情，不可恃藝為非，以致損行敗德，辱身喪命。陰符曰：君子得之固躬，小人得之喪命，可不慎與。

21.學拳宜人品端正，簡默少言，以豪傑自命，以聖賢為法，方能明哲保身。

22.學拳宜心領神會，博聞廣見。凡人所不知者，我必知之；凡人所不能者，我必能也。審端則竟委，聲入則心通，如此方做人師。

23.學拳宜專心致志，殫心竭力，方能日進一日。若浮光掠影，洋洋自然，視為已成，而不知早見棄於大雅也。子曰：「其為人也，發憤忘食，樂以忘憂，不知老之將至云爾。」一味深哉！

24.學拳先看二十四正勢，再看一套偏勢，正以立其體，偏以行其用，偏正相濟，體用兼全，不憂武藝不高人也。

25.學拳不拘老幼，不怕暗昧，只要用得心，捨得力，不成不休矣（點校：此處漏「夫子曰：人一能之己百之，人十能之己千之，果能此道矣，」）。雖愚必明，雖柔必強。靜而思之，信然信然。

26.學拳往往有浮誇之手，自矜聰明，謂他人之拳，一見即會，不知一見即會，再見再不會矣。是拳理幽深，非皮膚可比；勢多奇異，非平常可比。同窗有習之累月，而不肖其勢，積年而不解其理者，而謂可一蹴而就也，豈不難哉。

十二成法

凡好勇者，多肯支吾，不知武備必有文事，文所以偃武也，偃武則

藝彌高。

凡淺學者，多效占嗶，不知文事必有武備，武所以輔文也，輔文則學愈深。

凡學技者，弗請經絡，不知外丹必借內丹，內所以通外也，通外則氣不隔。

凡修道者，弗練筋骨，不知內丹必借外丹，外所以固內也，固內則精日強。

凡貪多者，俱是患寡，不知無中可以生有，有所以還□（點校：此處空一字，疑為「無」字）也，還□（點校：此處空一字，疑為「無」字）則靡窮盡。

凡勢硬者，俱是過剛不專氣，乃所以致柔，柔所以克剛也，克剛則歸和平。

凡勢精者，人不侮己，己不侮人，此即免禍之道，禍所以自消也，自消則福德隆。

凡德盡者，只知畢己不敢畢人，此即遠怨之法，怨所以用希也，用希則譽望重。

凡求教者要得真訣，方能以脫去俗氣，俗所以不染也，不染則入聖域。

凡深造者必通元竅，方能以變化入神，神所以不測也，不測則多妙境。

凡傳道者，必須擇人，始免逢蒙之患，羿所以有罪也，有罪則人不端。

凡受業者，終久尊師，不愧武穆之風，死所以猶生也，猶生則道常存。

卷二　技擊篇

一、打法總訣

彼不動兮我不動，彼欲動兮我先動。

二、講打法

凡側正諸勢，宜將身子擱於兩腿中間，三尖照落，不可此前彼後。兩腿不可過寬，兩手不可探遠。過寬則轉身不利，難免傾跌之患；探遠則轉關不靈，下勢不生。

打字即如常山蛇勢，打首尾應，打尾首應，打中則首尾俱應。

三、講出手

內實精神，外示安逸；見之如處女，奮之如猛虎。得吾道者，以一當百。

四、疾快用法

懈又懈來鬆又鬆，吾氣未動似病翁。
忽然一聲春雷動，千軍萬馬把陣衝。

五、起縱說

工夫總在呼清倒濁，尤在養靜。

講點氣（一）

氣未動兮心先動，心先動兮氣即動。
心動一如炮燃火，氣至好似弩離弓。
學者若會渾元氣，哪怕他人有全功。

講點氣（二）

莫道點氣零零星，須要全身運在中。
如夢裏著驚，如悟道忽醒，
如皮膚無意燃火星，如寒慄打戰悚，
如雲深就裏打電蹤，急就急裏打戰悚，
想情景，疾快猛。

老少相隨

少隨老兮老隨少，老少相隨自然妙。

同心合意一齊出，哪怕他人多機巧。

論打攔

直出彼掤並攀送，掤插送踩攀用擎。
剛柔相濟如輪轉，恰似無意燃火星。
彼擊左兮吾擊右，何須一處苦相求。
豎來橫截勇如電，我承彼沉只用丟。

論手足

出手脫肩裏合肘，左右扶助似水流。
擊動首尾一線起，打法何須掤攀勾。

頭

頭像天兮卦屬乾，側正俯仰自天然。
少陰少陽皆從此，陰陽入附非等閒。

胯

一胯擎起一胯落，起落高低使用多。
下體樞紐全在此，莫把此地空蹉跎。

手

兩肩垂兮十指連，生剋制化五行全。
敵吃橫推看三至，當面直入是真傳。
足履地兮勢如山，點顛平踏自天然。
唯有隨跳與亂點，擎氣多著在腳尖。

肘

兩手垂兮兩肘彎，三請諸葛人難防。
屈可伸兮伸又屈，看來用短勝用長。

膝

肘有尖兮膝有蓋，膝蓋更比肘利害。
左右勾連一跪倒，金雞獨立法無奈。

平肩

兩肩擎起似運擔，擎氣全在肩骨尖。
前開後合天然妙，雙峰對峙自尊嚴。

仄肩

一肩高兮一肩低，高高低低不等齊。
低昂遞換多變化，七搒十勢亦出奇。

卷三　拳譜篇

一、二十四字偏勢

第一勢　陰　劉海戲蟾

兩拳相對，屈附耳下，肘尖氣落於小腹左右，頭往下俯，或內外俱攔肱膊。

第二勢　陽　順手推舟

兩手轉陰直衝，往上一掙，頭往後一背，氣落枕骨尖上，打大腿根。

第三勢　承　軟手提炮

兩手指勾，貼於眼角左右邊，氣擊手背，打下巴骨。

第四勢　停　老農旋箕

兩手轉陽，一手長，一手短，大拇指往外一旋，壓肱膊。

第五勢　擎　蛇入雀巢

兩手轉陰，往上一掤，小指一仰，後手轉陽，往上一衝，氣落中指第一節，打胸脯。

第六勢　沉　濁水求珠

兩手側壓住，大指催小指，腳次起，頭往下伏，氣落額角，壓手背。

第七勢　開　二姑把蠶

兩手俱陽可，一陰一陽亦可，小指催大指，往外一擺，或陰手；大指催小指，往外一擺亦可，矯手腕。

第八勢　入　虎穴探子

兩手轉陰，氣落中指第一節，頭往下伏，氣落頂門，打乳旁。

第九勢　盡雙龍牧馬

兩手俱陰，寸步而前，一頓一頓，氣有三出三入，打短脅。

第十勢　崩　石破天驚

並足而立，一手側，大指氣一領，從襠內豁起，後手往前肱上盡力一拍，崩其脈槽。

第十一勢　創　紫燕穿林

前手橫貼兩乳，後手直勾，顛於後胯邊，前指大小指皆屈，三指直擦，後手悠起，硬住，前手仍照後手脈上一拍，如雷出地奮一般，打小腹。

第十二勢　劈　拔劍斬蛇

十字腳步，前手陽，從下提起，後手直豎，於前邊側劈，大指催小指，往下一砍，前手氣落中指第一節上，或落小指尖上，打肱背一穴。

第十三勢　牽　猛虎負隅

兩手接住手腕，頭往下一伏，額角往下一墜，氣榨後臀，拿手腕。

第十四勢　推　鐵扇閑門

兩手俱側，捉住肩膀，往前一擁，氣落十指尖。

第十五勢　敵　走馬推刀

兩手俱陰，虎口籠住，往裏一橫，大指氣力齊催，擒手腕。

第十六勢　吃　白蛇纏葛

一陰手，用虎口擒住大指，攝他大指，手肝氣一入，腳一落，其力十倍，鉗其人手腕。

第十七勢　粘　金剛扭鎖

兩手掌相合，一上一下，上手小指往裏一帶，貼住膀窩，後手大指往懷內一收，左右轉換不離，靠脈槽。

第十八勢　隨　朱衣點頭

前手抓住他手，飛身剪起，使後手照住頂門一啄，氣落五指尖上，打額顱。

第十九勢　閃　觀音現掌

前手側豎膀窩，後手伸直，附於後胯，腳卻在前，十字勢，前手小指氣落懷內，後手氣落指尖，往前跨，要用即步，撞小便。

第二十勢　驚　金鉤掛玉

兩手一挎，轉身，後腳一掃，氣著五趾，臀氣催心氣，撒腳後跟，或跺踝子骨亦可。

第二十一勢　勾　牽牛過堂

兩手皆陰，十指下摳，肘屈，搭住他肱腳尖，大指當住他足趾，膝照他腿彎一棲。

第二十二勢　連　張飛騙馬

兩手皆陽，屈肘，壓他肱。前足翹起，一落橫當他腳跟。手轉陰，照面一按，後手托他枕骨或頭髮亦可。

第二十三勢　進　暗度陳倉

前手側勢，往襠一踢，後手直鑽小腹。須上步換腿。

第二十四勢　退　華山看果

兩手轉身一刷，再一轉，再一刷，一肩高，一肩低；一胯擎，一胯落，翻身仰看，兩手皆屈，一附於耳下。

此雖偏勢，卻不可廢。蓋體先求其正，用時多取其偏，以正者多板，而偏者多活；正者多寬，而偏者多仄，且利於進退，便於轉換，故附錄於末，以備採擇。

二、猿猴拳

第一勢　猿猴養性出洞中

垂手並足而立，雙腳微向前一縱，十指往下一摟，陰擱胸脯前。身弓頭俯，再向上一分手，然後猛縱前去。兩手指撮向頭，肘尖向外，眼看縫中。

第二勢　跳天縮地如轉蓬

兩手分捽，雙腳猛縱起，連捽連縱，如此三次。將身一弓，十指屈摳，握腹上，頭要俯。

第三勢　仙人指路分左右

橫向左邊一跳，雙手挽一花兒，落下步眼，左五指前出，後五指亦陰附於左肘心間，再摟，兩摟抓回向右邊去。

第四勢　高公觀星仰蒼穹

橫顛一步，入中，長起身子。左手豎起，五指勾向下；右手五指勾，向下對心坎。腳尖立地而目仰視。

第五勢　直下東海擒龍子

落下身子，向右邊顛一小步，左腳尖點地。右手伸開，左手隨之陰勢，下向襠內入去，以打他小便或抓外腎。

第六勢　蘇秦背劍起長虹

左右手一扭分開，作一跨虎勢。右腳一跳立地，左腳前，尖勾向上。右手陰指摳擱於天平，左手仰指摳貼於左胯邊，如負劍者。

第七勢　抹額鍾馗周前後

左腳落地，右腳提起前進，右腳前，左腳後，順勢摟抓其面。再轉身子，左手前摟，上手爬下，左腳在前往後一顛，左手拳回貼左乳邊，右手指勾作高探馬。

第八勢　二換策腳摧羆熊

高探馬勢閃一門戶，他若照我右手，我右手一摺，右腳往襠一踢誑去，然後飛起左腳看小腹簪入。

第九勢　鵬搏萬里遮日月

右腳落地，左腳亦降，身子往前一進作長勢。左手伸起，五指勾向下，右手拳屈擱心坎上，眼望前看，再一退，左邊亦如之。

第十勢　暗弩射雕顯良工

左手在前，右手在後，向他左邊脅內一入，遂上右步，右拳順左手脈槽中一出，撞打脅窩，迅疾不可防。

第十一勢　掄爪飛舞人難顧

一拳打到，他若擱時，我左手不動，右手繞環側身退步，掄爪以右

指尖肚抓其一點，其手脖真是飛舞而難顧者。

第十二勢　玉女捧盤震崆峒

回來左膀在前，側身進去，兩手陰勾，十指合摟兩三環。左腳跺地，右手掌開，左手掌往上一迎做捧盤勢，要與腳震齊響。

第十三勢　跨虎登山九牛力

拳起右腳，左腳立地，右手掌展開往右胯邊盡力一刷，右腳猛力一蹬跺腿，轉左邊亦然。再轉右邊，朝後一刷一蹬，非九牛之力而何。

第十四勢　金鵝抱卵驚兒童

他下顧腳，頭必一栽。我使右拳仰打他面，他擱。我左手往下一撇，右拳再往胸脯打入，如天鵝之放卵驚殺兒童不小。

第十五勢　野馬提鈴雙耳峻

他正勢來顧，我雙手從下一繞步眼，挪到他身外左邊去，十指勾提

豎於後耳邊，如野馬提鈴，而雙耳竹批之峻者。

第十六勢　翻身跳澗看果紅

他入左手下打，我雙陰手往下一落拍在前肱上，下帶右腳一踩再一跳，使左胯一撞，蹲一小勢，右腳尖前顛，側仰右身，兩手勾屈抱頭仰看。

第十七勢　掃盡塵埃清根柢

他從右邊來打，我右手自內往外一挽，右步跟一小步，左手再一摟，從左胯邊摟向外，使左腳往前一掃，掃他右腳跟，仰面倒去。

第十八勢　倒插楊柳入花叢

我翻身背立，他照後邊打來，我倒回左腳，左手翻起一仰，上右步前跟，他照左手，我右拳從下一提，打他麻肘兒。

第十九勢　閑來偷上人參樹

回一寸步，右手擱在胸前，左手屈擎左鬢邊，作一閑勢。他右手來入，我右手一領，剪起左腳，使左手縱身抓他左目。

第二十勢　火焰穿心誰敢攻

他照我左手，我左手回來一摟，抽左步換右步，使右拳打他心坎。

此係半勢最難學者，蓋氣一斷絕則不續連了。

第二十一勢　敬捧蟠桃獻王母

右手往後一抽蹲成小勢，他來打，我雙手回擱心坎，張開十指擒蛤蟆肚，縱起往前一捉。

第二十二勢　六鷂退飛迴不同

他若閃過我身外右邊，或我故縱過他身邊，用左手往後一指，左腳照他左腿肚盡力一蹬。

第二十三勢　二郎上到凌霄殿

趁勢飛起我右腳跟，住他臀尖蹬空而上，再使雙手順腿往後一摟，如二郎之直上凌霄殿者。

第二十四勢　鐵牛耕地喜年豐

我右腳飛起背後空虛，有人偷來打者，不管是誰，兩手順腿往下一按，右腳尖著地犁去，或腳面或腳趾甲掀翻跌栽。

第二十五勢　廣寒宮裏霜杵動

我腳朝後犁去，他腰一彎，頭一抬，我右手翻身抓住他左手，剪縱上左步，使左手肘屈搠搗下。

第二十六勢　獨佔鰲頭望海東

右腳後退一步，左腿盤膝橫擱於後膝上，左指勾抱小腹，右手勾指屈擎右耳邊，他來我放左腳尖踢回。

第二十七勢　齊赴通天迷津渡

他顧左腳，我趁勢左腳落地，右腳飛起，使旋風策腳裏打他耳門關，再回腳掛面一踢倒去。

第二十八勢　行者探路耳聽風

右腳平落，左腳顛擎尖兒點地。左手勾指順挨襠中，右手勾指提於右胯邊，作聽風探路狀。

第二十九勢　八戒斂口藏懷內

他劈面右手打來，我腰往左一扭，左手往左一走，右手一要五指勾朝懷內，露出眼來，十字步法。

第三十勢　攝腳攝手伏窩弓

他打來，我右腳往前一踢，右手背往我腳面一摔，回頭，左腳簪踢，左手順腿一撩，氣著腳尖上最毒。

第三十一勢　五行山下一聲響

他顧，我縱右步前上，使右拳撞打他小腹，回頭右拳從下衝起，使金剛搗碓勢一跺，如五行山崩者。

第三十二勢　嘴兒尖尖眞悟空

左右手交叉，攀摟三次往後一退，左腳收顛，右腳著地，右手屈擎右額角，左手將口一摸，成雷公雞嘴尖勢收住。

三、白虎拳

第一勢　猿猴養性

做一次呼吸，手隨著畫一小圈，開勢，兩邊一分，當中一合，屈肘，陰手交擱胸前。

第二勢　蟠桃獻壽

兩手一轉，全身振動，開合胸背，俯頭隘頂，弓身擎步，兩拳擱於底閣下，收之又收。

第三勢　犀牛望月

雙手往外一分，背後一轉，兩手自肩而下，雙拳往下一入，微往前抬頭仰，腹鼓，放之又放。

第四勢　左邊敵手

兩手一轉，身往右邊一掄，右腳往上，雙手合併一擰，使敵盡前入摧去，右手上左手下。

第五勢　右邊敵手

兩手一轉，身往左邊一掄，左腳往左上，雙手合併一擰，使敵盡前入摧去，左手上右手下。

第六勢　飛雁神抓

往後一閃，左手向前一轉，右手往後一掄往前一摟，兩腳向後一踐，左手一抓。

第七勢　轟天伸起

右手自下往上一崩，右手從懷內下插。右腳前踐站地，左腳往上一踢下落，雙手一抬合住。

第八勢　金雞咁（點校：音ㄒㄧㄢ，同銜）食

雙手兩邊一分，隨開隨合，連拍三次，兩腳隨拍踐之，此勢須連字著重。

第九勢　左裏鞭炮

全體一束，須用踐步翻身背一抓，左手揚開打其耳腮。

第十勢　右裏邊炮

全體一束，須用踐步翻身背一抓，右手揚開打其耳腮。

第十一勢　陰陽轉結

雙手往後一還，步微退，右手前摟，左手上起，兩步放開，左收右衝，頭仰昂胸之狀。

第十二勢　白虎抱頭

雙手往上旋擰，右腳上，右手擱頭上，左手上衝，亦擎連二字著重。

第十三勢　單鳳展翅

左手下落，右腳往上一踢，右手一拍腳面，此單腳勢，使二起腳更好。

第十四勢　伯王觀陣

雙手一擺，步往左一扯，直身正勢雙腳併，左手往左一轉擱頭上，右手自右耳下擱胸前，仰面如觀陣。

第十五勢　烏鴉登枝

雙手一落伏胸前，身手一束，右腳一站地，雙手旋收胸前，右腳一蹬，雙手一展，腳手一起落地。

第十六勢　轉身蹬枝

雙手一落伏胸前，身子一束，轉身，左腳一站地，雙手旋收胸前，右腳一蹬，雙手一展，腳手一起落。

第十七勢　猿猴獻杯

右腳落地手一還，須用踐步，右手後領向前一伸，左手後掄，前扳右手自左肘心前一擱，左手從右手下回落右手腕後，伏身擎步。

第十八勢　餓虎捕食

全體一束猛往前擠步，雙手上下一摟一束，一展推去，如猛虎捕羊一般。

第十九勢　猿猴獻果

伏身收束一還後，長身，兩手從頭上往後一抓，伏頭隘頂弓身，須用踐步，雙手擱在兩胯下。

第二十勢　袖裏點紅

身往後轉，右手上撩，左手一挑，擱手右耳外。身下伏頭裏攢，右手入打其肋窩。

第二十一勢　斧劈老君

雙手一還身後轉，左手上領往後一摟，右手揚開往下一劈，左手上迎合住，用剪步亦可。

第二十二勢　陰陽轉結

往後一閃，右手面前摟下，右手領頭上，內外一轉，雙腳一進，左手扳右手衝其面，頭仰胸昂之狀。

第二十三勢　拉尾跨虎

破他撩陰，左手朝左邊一領，身蹲，右手隨勢砍他腳脖。

第二十四勢　單刀赴會

往後一拉跨虎，右手掄開往前一摟，右步一還，左腳前上，左手揚開劈下，右手迎上，下合亦用踐步。

第二十五勢　陰陽轉結

右手面前摟下，左手領頭上，內外一交，雙腳一進。

第二十六勢　占字門勢

身往後領，兩腳一還，雙肩一擰，右手擱頭上，左手擱心坎，面微仰起。

第二十七勢　金剛扭鎖

身伏兩掌相合，一上一下，首手小指往裏帶，貼住膀窩，後大指往懷裏一收，左右轉旋，不離靠脈槽。

第二十八勢　雌雄交會

往後一閃，右手自後向前一摟，左腳一上，左手扳踐步左腳站起，右腳踢，右手衝，腳跟手三尖照到。

第二十九勢　白虎靠山

伏身左旋，雙手旋掄過去，右前左後，雙手伸開，身往後仰，使背靠打。

第三十勢　飛虎跳澗

雙手落，身子伏，右腳右上，左腳隨之，二足並立。雙手往上一雲，兩拳上起頂送，微側小指上翻，直身立勢。

第三十一勢　伯王舉鼎

兩手後雲，雙腳一跳，身往後旋，前腳跳後，後腳跳前，八字站步，雙手一托，雙肘外分，二目上看，雙手指尖相對。

第三十二勢　青龍探爪

雙手一旋一擰，前腳跳後，後腳跳前，身下伏弓脊伏頭，左手自夾指窩一掏領住，伸右手指抽打其陰，再右腳蹬。

第三十三勢　翻身跳澗

伏身一收，須用翻身踐步，左腳跳後，右手反劈，左手一開，右拳仄擂打去。

第三十四勢　猛虎雙坐窩

手往兩邊一分，身往右轉，步要後退，雙手往下一放，兩胯後坐，氣落後狀尖，身往後坐，下動作照上一樣。

第三十五勢　軟手提炮

右腳前上，左手一開，右手提打；左腳前上，二勢照前末勢，步法不換，亦照上勢。

第三十六勢　伯王開弓

兩手一還，左腳前上，右手一扳，左手向前頂入，開胸合背，似開弓之狀。

第三十七勢　野馬分鬃

兩手下一鬆，弓身伏頭收束勢，雙手上分，右腳前上須用偷步，手擱胸前不發，亦正為體，亦偏為用，即是此法。

第三十八勢　泰山壓頂

兩手一還，右手反掄，右腳一退，左腳上，左手開，右手蓋打頂門，八捶之勢。

第三十九勢　返劍擊石

回頭轉，右手反劈，雙腳順過，左手插打其面，步法前上，名千斤墜。

第四十勢　二龍吸珠

雙手一雲，須用踐步旋轉身過來一伏，雙肘下沉，右腳前上，兩拳併入肚，一老一少伏頭咽頂。

第四十一勢　單鞭救主

右腳振，左手還，左腳放出直往前打，右手往後一撜，前後停分，雁行步耳。

第四十二勢　白虎雙抱頭

雙手一收，雙腳往後一踐，兩手前面一挽，右手在頭上，左手在胸前，左腳顛擎身換下勢，以照前作退身法，左右抱頭勢。

第四十三勢　雙手推山

兩手下落，往上一分，兩腳一踢，轉正勢，雙手一束伏於胸前，束身伏頭咽頂，右足站地，左足顛擎。

第四十四勢　渴牛飲泉

身上起，兩邊一摟，左足一上，右足往後一蹬，身下伏，頭前頂，目下看，相飲泉之狀。

第四十五勢　轉身縮肘

全體一束，身子向後翻，右足後退左足前，右手一抓，左手屈肘，往下一束，用踐步矣。

第四十六勢　搖身掤勢

兩肘根一搖，再搖，雙手隨膀，先動後足，後動先足，左手上挑，右陰手從右耳下來，心口下前打之。（完）

四、小羅漢拳

第一勢　渾元一氣動

凡打拳未伸手之前，先動元氣而生陽，靜而生陰，靜不及者動而不勇，此心氣落下氣下凝，上下凝聚中宮，此為天地交合之勢，打拳之妙莫過於此也。

學拳舉肆，鄭重其事，閑中不閑，渾元一氣。

第二勢　仙人捧盤擎

接上勢，兩手自上而下往右掄，直上直下。左腳尖微往外擱，身子後仰頭，上下一氣，手腳一齊落點。三尖照到，不偏不倚，身子擱於兩腳中間，如捧盤之勢也。

仙人捧盤，三杯傾下，勸君莫飲，內有變化。

第三勢　猿猴養性靜

接上勢，兩手隨上掄至頭齊，右足隨上，兩足並立，雙手直往下落於兩腿根，兩眼含目，如猿猴養性勢，頭手足一齊落點，六合要點是也。

閒時養性，心氣下沉，吾形一動，諸身精神。

第四勢　仙人指路進

接上勢，左手往左一伸，畫一弧圓線，旋腕穿掌上刺，右手在身側下畫一圓圈，停放於右大腿側旁。右足起腿上步，左足隨之上步成踐跳步勢，側頭仰視，目視左掌指尖，如雲覆山之勢也。

用手一指，前面有路，引他進來，小心門戶。

第五勢　流星趕月行

接上勢，右手直行前擢上挑，隨之畫旋，下落至右身側前；左手屈肘在身前畫一弧圓下落，用手腕下壓後肋。右腳起腿上步，左足隨右足落步向前上步，開胸合背，沉肩隘頂之勢。

如月之圓，如燈之光，丈八蛇矛，雙股寶劍。

第六勢　衝天炮勢勇

接上勢，左手一摟，右手自乳下往上衝打，左手摟後擱於左胯根，右拳衝打敵下頦骨，鼓腹含胸，氣落枕骨尖。

左手一摟，右手前衝，肩胯相合，鼓腹含胸。

第七勢　金剛搗碓

接上勢，兩肩一鬆，兩手回到胸前，右手小指領氣直上串起，左手隨之往下旋擦至襠前停放，右腳提起，左腳站地，兩手上下一線相照。

右手上領，左手下擦，右膝提起，左腳下踏。

第八勢　下落如雷震

接上勢，高而更上無可高也，兩手上下，頭仰身長，右手往下直

落，左手上迎，上下凝合一處，雙腳震地如霹雷之聲。

燕子飛來，進在我懷，上手落下，頭崩兩開。

第九勢　玉女捧金盒

接上勢，兩手一分，右手從上而下，左手從下上迎，雙手相照合住，用右肘尖擊敵心窩處，兩足隨身後轉，換步擰轉，肘尖相照左足尖，落點頭必側，而栽氣落右眼角。

盤中有酒，笑中有刀，眼看玉女，醉倒春尚。

第十勢　陰陽轉結勢

接上勢，兩手前伸平掌，往後一閃，兩肩一鬆，右手反掄，左手從右肋肢一擦掄起，右手擱於右膝上，左手擱於左耳上，手指照前，身隨勢擰轉回落，眼往前，氣落鼻準。

陰中變陽，陽中轉陰，上下一氣，俱在全身。

第十一勢　轉結一勢衝

接上勢，左手向胸前下摟撥後，擱於左大腿側貼放，右手從左乳前弧線直往上衝打敵下頦處，仰頭含胸，氣落枕骨上，目往上看，正身勢。

兩勢合一，如子歸家，本來面目，到底會差。

第十二勢　火焰穿心頭

接上勢，雙手一鬆，左手自胸前往右肋肢而上挑架，擱於右身側頭頂上方，右手回抽於右乳前，直線衝打敵腹。左足向右足前上步，右足隨之跟進擠步。

側身而入，縱跳隨進，用手承起，方趁我心。

第十三勢　二龍戲珠元

接上勢，心氣一鬆，全身俱鬆，兩手屈肘豎起往右一轉，化撥敵手臂，隨之雙拳一老一少，左前右後衝打敵胸肋處。兩足隨之跟進擠步，

目視左前方。

龍吐雲煙，長虹線牽，通神三江，戲來珠元。

第十四勢　二龍戲珠勢

此勢與上勢動作相同，所不同者，前勢二龍戲珠向左方向衝打，此勢回轉向右側方向衝打，落點三尖照到可矣。

兩肩一柔，即如水流，一老一少，父子同朝。

第十五勢　刷手勢連三

接上勢，兩肩一鬆，陰陽一分，左手向左下方畫落，右手隨身體向左方擰轉，弧線撩起。此時左手從下而上，右手從上而下在胸前串插，雙手上下一線相照，兩足尖點地，長身之勢。

左手領起，右手下插，動靜如何，隨機變化。

第十六勢　踢襠勢二起

接上勢，身子一落，左足向前上半步，右足前踢，左手隨之向下摟撥後照腳面一拍，右手隨勢向下畫撥，撩至身後側。

一刷一摟，氣血同流，左手下凝，娘子踢球。

第十七勢　單鞭救主還

接上勢，右腳落步，右手前任推撥，左手抽起，右足隨之上步，為丁八步形；同時左手前摟，右拳平衡，擊敵胸腹間。

手提鋼鞭，玉柱擎天，打落雄們，救主回還。

第十八勢　反背三捶轉

接上勢，前後一鬆，往後一閃，右拳反掄，左手從右肋一插，掄一二三落尖。右拳擱於右膝上，右足提回腳尖點地，左拳反掄後提起至頭頂左上方，三尖照到。

兄弟三人，劉關張家，古城表義，桃園發花。

第十九勢　當頭炮打前

接上勢，兩手一鬆，落放前足，右拳往下一擦，掄圈挑起，手臂豎起停放，左拳由上而下，弧線向前衝打敵胸，三到之勢。

當頭炮打，右肩下沉，一拳硬挑，一拳硬進。

第二十勢　二郎劈山崩

接上勢，左手往前一送，右手領起往後一閃，右手下劈，左手凝合，如破竹之聲。兩足隨勢擠步。

楊家孩子，好使銀槍，對山一劈，兩下分張。

第二十一勢　閃法多膀落

接上勢，兩手往前伸落，隨之往後一閃。左足後退，右足隨之顛回，腳尖點地。右手屈肘擱於肋下，左手回屈擱右肩前，如貓捕鼠之狀。

他來我閃，他打我躲，疾快之法，神鬼難摸。

第二十二勢　開勁如蕩舟

接上勢，右手反背旋拿，左手用手臂往外勒住，右手隨之往後一正，手心朝上。左腳隨身轉往前上步，右腳跟進擠步勢，含胸開背。右手一反，步法隨踐，肘往外開，仰面朝天。

第二十三勢　栽捶探打腹

接上勢，兩肩一鬆，雙手一還分張。左足提起上步，右足跟隨擠步。右手握拳從耳邊往前下栽打，左手屈肘回擱於右肩膀根。側身要鬆，步法隨進，腳步相合，探身而進。

第二十四勢　朝天一炷香

接上勢，兩肩一鬆，全身俱鬆，兩手往下一旦分開，右足隨上步併足而立，隨之，左手旋畫從下而上，右手旋畫從上而下，相互反插成一線相照。

朝天子，一炷香，並足立，氣昂昂。

第二十五勢　搭手如雲煙

接上勢，右手自上往外掄畫，左手自下往外轉畫。先動左腳，隨之右腳縱跳，踐跳步法，左腳尖點地。右手上迎，左手下落成搭手勢。

身往下落，擎如雲煙，下氣上凝，如雲覆山。

第二十六勢　斜行十字步

接上勢，兩手往右前挑畫，隨之右足斜勢上步，成丁八步法，右手在身前弧線摟撥，化開敵進之拳，左拳衝打敵腹部。

直來斜擋，斜來直衝，十字步法，丁字雁行。

第二十七勢　閃法含躲

接上勢，右足後撤，左足跟隨，閃身屈蹲。左手回收下撥畫一圈撩起，屈肘擱於左側身前，右手同時向左肩前挑撥擱於左肩下。閃躲要含，眼睛睜圓，如貓捕鼠，兩爪疾探。

第二十八勢　右棵鞭炮打

接上勢，左手旋畫拿敵手腕，右手反背側身捽打敵臉部。身子立起，右足上步虛點，目視掌指尖。飛股之事，他不知道，誰敢進來，走他不了。

第二十九勢　搖身掤退法

隨上勢，左手屈肘搖動畫撥，右手隨之上挑搖畫，兩肩柔搖，雙手往外撥，右足後撤退步，左足隨之撤步，身腰閃退屈蹲。一搖二搖，隨勢而搖，此勢退法，看相如貓。

第三十勢　左棵鞭炮打

接上勢，右手上挑，旋摟擒拿敵手，左手先屈後展，如彈簧崩發擊敵耳根。左腳上步點地，身子隨勢立起。

兩勢一名，即如之形，同招相似，左右一形。

第三十一勢　劈勢如刀砍

隨上勢，身微後閃，左手下落掄圈上撩，右手由下而上，掄圈劈向前方，隨左手下落旋腕迎合手臂。右腳隨之上步，左腳跟進擠步。

劈如刀砍，縱法要踐，上下凝合，一刀兩斷。

第三十二勢　望面一點進

接上勢，兩肩一鬆，雙手老少相隨，同時聚氣發力，往敵喉挑刺，兩足隨勢跟進擠步，莫忘手起身隨腿追之拳理。

一呼一吸，一鬆一緊，手往前任，足要緊跟。

第三十三勢　鳳凰坐朝陽

接上勢，左手自下挑起，畫撥敵進之拳，右拳弧線從胸前上衝敵頭面。右腳隨之三步，左腳跟進，氣落枕骨尖上。

五彩鳳凰，雙翅翔翔，點頭一鳴，鳳凰朝陽。

第三十四勢　指路側身進

隨上勢，兩手一分撩起，左手從右往左下方弧線畫掌撩陰，右手隨之屈肘畫撥敵進之手，撩向右身側後。左足隨之上步，附身勢。

身子一俯，像雁兒飛，往前擢去，一命歸西。

第三十五勢　反背劈手擊

接上勢，身往後一閃，左手反掄回劈前上方，右手回收一插，掄起劈向前上方；同時左手旋腕反轉迎合右手前臂。右足隨勢踐跳上步，左足跟進擠步。

高上嶺上，一棵大蔴，刀要磨快，砍在地下。

第三十六勢　一炷香朝天

隨上勢，往後一閃轉身，右足回收並立起身，左手轉下右肩，畫一圓弧插至襠下，手背朝裏，右手從右向左畫一弧圓，直向頭頂上方串掌，手臂豎直，掌心朝後。

往上一領，陰陽不偏，併足而立，上下一線。

第三十七勢　烏鴉蹬枝鳴

接上勢，右手在上往外一雲，握拳從身前撩下，拳頭朝下；左手從下而上畫一圈後，屈肘上挑擱於左側頭旁。右足隨之往右下滑步蹬下，仆步之勢。

樹上烏鴉，展翅身斜，右腿一伸，陰氣往下。

第三十八勢　腳蹬五棚樓

接上勢，左腳往右足旁震腳下蹲，右腳屈起蹲步。隨之左手往右肩下一擦，右手往左與左手成交叉勢，隨後兩手陰陽反轉畫圈，上下凝合對掌相照。以上動作完成，右足橫向踹腳，左足獨立。左手隨之往左平串掌，右手同時往左穿插伸展，目視左指尖。

十三太保，氣力無窮，腳蹬棚樓，誰人不敬。

第三十九勢　翻身鷂子抓

接上勢，右腳回收落步，左腳踐跳往右上步蹲沉。左手隨之往右肩窩下插後，撩上而下虎爪探抓，右手屈肘翻腕，旋擰擒拿。

鐵膀鷂子，落在樹中，翻身一起，雀兒心驚。

第四十勢　陰陽轉結衝

接上勢，往後一閃，左手反掄掌一圈，屈肘擱於左腿膝前上；右手畫弧上撩至頭頂前上方，為陰陽望月之勢，隨之右手摟撥後放之右腿胯側旁，左手從胸前弧上衝，打敵頭面。步隨跟進，丁八之勢。

陰陽轉結，高低分明，右手按下，左手上衝。

第四十一勢　螃蟹合甲

接上勢，左手往下鬆落，兩手一分，雙拳往頭前上方合打敵太陽穴。左腳隨勢上步，仰頭含胸微下沉，目視前上方。

高者而來，低者分旦，螃蟹合甲，仰面看書。

第四十二勢　朝天一炷香

接上勢，右肩下落，右腳一順，左足一橫，左手隨掄，左腳前上步併足而立，右手下落，左手隨勢向上豎臂領起，頭仰上看。

一炷長香，插在靈山，展身下屈，仰頭正面。

第四十三勢　轉結分虛實

接上勢，左手反掄撩下至左腿胯前，右手同時從下撩起至頭頂上方，兩手上下相照。身子隨動勢後閃，左足上步，為丁八步勢，凝目前看，氣落鼻準。

陰陽一分，俱在全身，動靜如何，隨意變過。

第四十四勢　破腳疾如風

接上勢，右手一撥，左手前畫。右腳掃打，左腿屈蹲，足尖點地，身隨勢下伏坐盤。

心腹之事，誰能知道，高者而來，低下掃過。

第四十五勢　左右一樣行

接上勢，一樣之理，起勢陰陽轉結，兩手一分，左手摟撥，右手向前畫撩。左腳掃打，右腳蹲坐，足尖點地，身隨勢下伏，目視前下。

左右兩勢，看相一樣，你若不明，理不相當。

第四十六勢　鶻鴿退飛形

接上勢，雙手往後掄畫一圈在身前交叉，而後再分畫一圈，左手在前，右手在左臂前落放。閃手勢，目往前看。

鶻鴿退飛，直往下沉，側身而立，看你如何。

第四十七勢　牽繩雙震腳

接上勢，兩手下落，身往後退，左腿向後撤步，兩手一挽纏住敵方手臂往後一牽，身往下沉坐。

山下羝羊，反觀吉祥，猴兒一牽，繩子放長。

第四十八勢　野馬分鬃落

接上勢，身往前一縱，全身俱落，左腿屈蹲；同時右腳往前下落放蹬撐。兩手同時往下串插，左手前，右手在左手腕處，肩胯相合一照。

野馬分鬃，身落屈撃，長身而起，如虎添翼。

第四十九勢　推山沉肘脫

接上勢，身子猛起，雙手一分撩畫至兩乳下，左足顛撃，兩肩一柔，雙手將敵小腹猛往下一推，如餓虎捕食之勢。

雙手力大，低身猛發，落空撃氣，上下變化。

第五十勢　白虎靠山眠

接上勢，兩肩一鬆，左足往後一撤步，身子一轉，右腳隨身轉上步，擰身後靠，兩手隨交叉分撩往上一任，左足尖點地。

雙眼瞪圓，鬍鬚倒懸，張牙舞爪，靠山而眠。

第五十一勢　金雞撤膀退

接上勢，雙手隨身前俯後閃之勢，往前交叉摟撥分畫，兩腳隨勢交叉退步，一連返三後退，雙手也連綿分撥三次。

金雞撒膀，倒退後飛，看似一鳥，倒有神氣。

第五十二勢　二龍戲珠元

接上勢，雙手往前擢挑後，屈肘收放於兩肩下，而後一老一少用拳往前衝打敵胸腹處。雙腳隨勢往前落放併足，而後落點，左腳上步丁八步形，身往下沉坐。

前者為老，後者為少，老少相隨，自然為妙。

第五十三勢　猛虎倒坐窩

接上勢，後腳點地，身子長起，雙手隨勢一鬆，右手前伸，左手往後一勒。同時左腳往後撤步，右腳隨左腳後退撤步，身子隨退後下沉，用腿胯往後發力後震。

猛虎雖勇，倒退回窩，入進洞口，往後一坐。

（全篇已完）

乾坤樁

呼•入陽腑陰

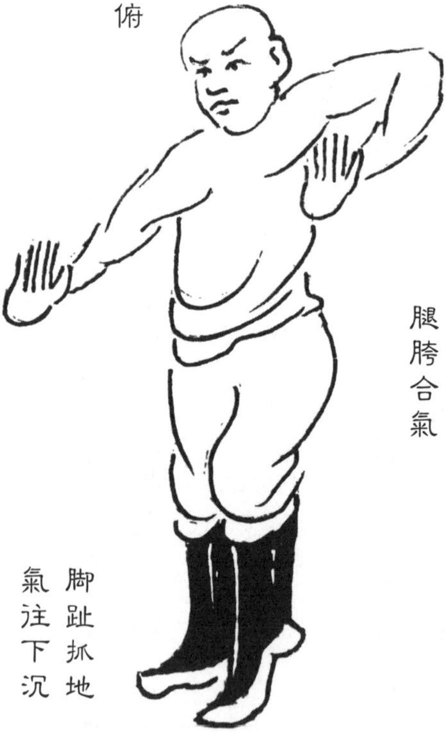
頭俯
氣擎肘尖
掌心氣注前頂
腿胯合氣
脚趾抓地
氣注下沉

乾坤樁

吸•入陰腑陽

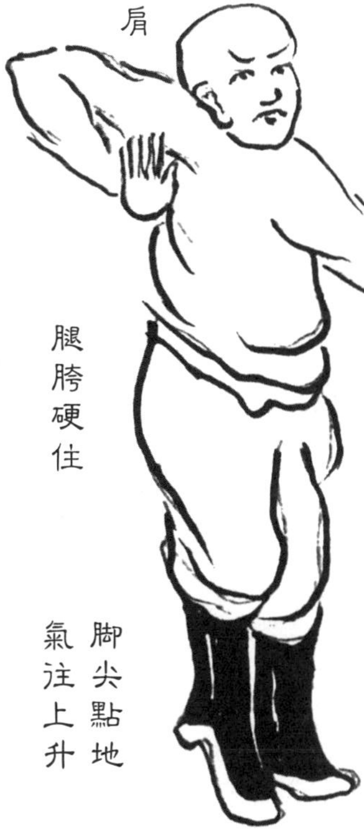

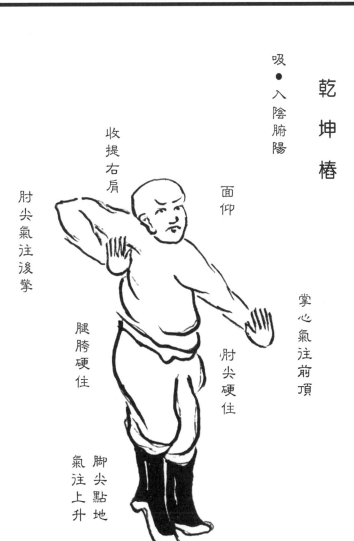

第三集　古拳械圖譜秘笈

一、二十四字拳譜

二十四字拳譜序

虎牢張八，年三十學藝，槍刀劍戟，靡有不精，其神拳二十九勢，世無知者。嗟乎！人知之未必果高，而高者不求人知，且唯恐人知，即間有知者，亦無異於不知也。余成童苦嗜武，讀書之暇，他務不遑，專以舞蹈為樂。雖先兄屢訓，私愛終難自割，徒以傳授無門，東支西吾，勞而罔功，深愧無成。後十年，遇河南洛陽縣閻聖道，指點一二，頗覺進益。又十年，得字拳四十法，意續三十件，積為七十則，但繁多莫

紀，乃約歸二十四式，命以名，示以竅，使學者便於服習。然恐膠柱鼓瑟，苦其拘執不化，茲因冬日清閒，就二十四而擴充之，每一式而分為八，合一百九十二式，縱橫奇變，於此畢具。世有知者，不見可喜，假令湮沒終身，亦所不怨也。

二十四字秘訣

（點校：此節在五十五頁已收錄，題目為《二十四字論》，文字相同，從略。）

二十四字拳圖說

（陰）蟠桃獻壽；（陽）犀牛望月；（承）雙虹駕彩；（停）仙人托雙龍入海；（磞）伯王舉鼎；（創）飛燕投湖；（劈）寶劍雙股；（牽）猴兒牽繩；（推）雙手推山；（敵）直符送書；（吃）猛虎探爪；（粘）鍾馗抹額；（隨）暗弓射雕；（閃）白虎靠山；（驚）雙峰

對峙；（勾）螃蟹合甲；（連）童子拜佛；（進）蝴蝶對飛；（退）金貓捕鼠。

第一勢　蟠桃獻壽

二十入園，蟠桃取來。仰手棒定，頭獻瑤台。

陰正勢，腳左前右後，手臂屈出胸前，屈肘氣往裏收，頭往下一栽，氣落頂門，打膻中及下把。

陰字八勢

海外蟠桃幾千春，平明摘來帶露新。
氣暖林園花拂面，風吹枝幹葉依人。
誰能偷取東方朔，豈是食餘矯駕臣。
恭敬捧持瑤池上，喜向王母獻壽辰。

蟠桃獻壽圖像

第二勢　犀牛望月

犀牛分水，直伸兩蹄。
抬頭一望，玉輪掛西。

隨上勢上步，右前左後，兩手從裏向外翻轉，而後上提至兩耳側，向前下衝打，頭向後領，氣落枕骨尖，打小腹。

陽字八勢

犀牛生來本通天，仰望明月一氣連。
喘時不勞丙吉問，騎去曾伴老君眠。
華元領兵披堅甲，溫嶠燃角照深淵。
影射寒潭冰輪靜，分開水府利無前。

犀年望月圖像

第三勢　雙虹駕彩

祥光忽起，瑞滿長虹。五彩駕定，雙橋凌空。

接上勢，擰腰反轉，腳左前右後，兩手屈肘，向上分撥，而後兩手由下而上，手屈勾向上衝打，粘於兩太陽穴旁。

承字八勢

老子騎牛函谷東，紫氣騰輝滿長空。
仙人指路雲歸岫，鶴駕衝天鳥出籠。
高公觀星驗斗杓，蘇秦背劍分雌雄。
軟手提炮煙火起，門內推月落彩虹。

第四勢　仙人捧盤

老祖赴壇，光滿玉盤。仙手捧住，內有金丹。

雙虹駕彩圖像

隨上勢，兩手從上分撥而下，兩足向前擠步，左前右後，雙手從腰兩側向前平推，斜立掌，氣落指背。

停字八勢

仙人遙臨降彩雲，彼此會合豈無因。
夫子三拱延貴客，戲珠二龍拂埃塵。
單跨毛籃韓湘子，斜背寶劍呂洞賓。
金盤托定丹藥味，一粒入腹氣長春。

第五勢　猿猴獻杯

飲此玉液，獻爾金杯。
勸君更盡，如泥一堆。

接上勢，身向右轉，右足前放，兩

仙人捧盤圖像

猿猴獻杯圖像

手側摳如掇酒杯之形，食指上挑，小指氣催，硬往上端，兩手停放於鼻前。

擎字八勢

捧著盤兒進酒來，左右秩秩筵席開。
敬爾已經把二盞，勸君更自盡三杯。
曾向瑤池吞玉液，陟彼高崗酌金罍。
牆頭濁醪過去否，聞香下馬亦快哉。

第六勢　雙飛燕子

燕兒展翅，兩翼低垂。
不是浮水，恰似銜泥。

正身勢，兩手向下分畫，左腿向左側落放為馬步勢，兩手皆側貼，打鬼眼穴，

雙飛燕子圖像

氣往下插，直入地內，壓住大指。

沉字八勢

燕子乘春雙雙來，其羽差池次第開。
山頭青雲初試剪，海底紫霞任取裁。
王謝堂前定巢去，江湖岸上銜泥回。
穿花落水翩翻舞，清秋飛飛玉投懷。

第七勢　白鵝亮翅

沙上群鵝，紛紛白雲。
飛起展翅，霎煞右軍。

接上勢，兩腿向內併步立起，兩手變拳由內向外，分向兩側，用拳背崩打，腳尖雙顛，氣顛兩腳尖。

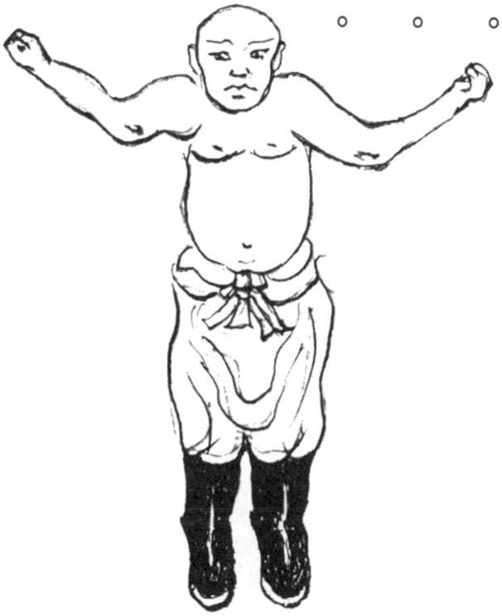

白鵝亮翅圖像

開字八勢

雪白鵝兒臥沙邊，展翅欲飛衝上天。
兩膀平分張羽扇，雙足跳躍落掌拳。
丹鳳修翎朝曉日，紫燕入戶避相簾。
等閒出得黃庭就，右軍籠去一群還。

第八勢　美女鑽洞

洞門有石，鑽之彌堅。
美女來此，束手而前。

身沉頭伏，右足向正前上步，兩手同時伸臂向前穿插，十指朝前，手背朝上。

入字八勢

翻手仰看石壁懸，中有小小一洞天。

美女鑽洞圖像

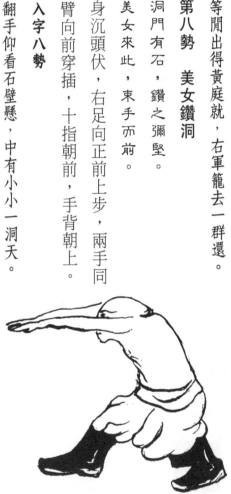

大將猛勇不見項，淑女窈窕應無肩。
鷂子穿林身欲進，六鷁退飛恨不前。
抬頭忽遇寬敞地，姝子徜徉任安眠。

第九勢　雙龍入海

僧繇畫龍，破壁飛去。
雙雙入海，誰能擋住。

接上勢，兩手屈肘回收，兩掌變拳，雙拳同時向前衝打，左腳提起向前落步，右腳隨後上步。

畫字八勢

龍德陽剛下潛藏，苦海無涯水茫茫。
點睛飛去留不住，騰甲躍來莫敢當。

雙龍入海圖像

奮爪直上青雲路，掉尾獨帶碧波揚。
夜叉倒坐千山動，旋風一腳接上蒼。

第十勢　伯王舉鼎

鼎峙千秋，重於山河。
伯王舉起，注上一豁。

身向左回轉，雙手隨身轉，一挑左足回轉，右足上步，兩足齊立，雙拳從腹前直伸頭上，氣注拳面骨節上。

伯王舉鼎圖像

硼字八勢

楚國伯王一世雄，仰面叱吒已生風。
覆手按來力入地，翻手分去勢凌空。
左轉三匝如拾芥，右退二步似飛鴻。
烏雲罩頂中間走，八千子弟盡效忠。

第十一勢　飛雁投湖

鴻雁於飛，在波空中。
上下一扇，投入洞庭。

兩手向下放落，隨後屈肘交叉胸前，雙手摟拔分向後伸臂勾挑，用頭向前下栽打，氣射頂門，右腳上步。

創字八勢

冥冥展翅排雁行，五湖寄跡水蒼茫。
饑鷹側翅逐凡鳥，丹鳳修領朝當陽。
白鷺探爪瞧魚子，花鴨低頭啄稻粱。
驚寒聲斷衡陽浦，投向洞庭樂平康。

飛雁投湖圖像

第十二勢　寶劍雙披

孫權發怒，劈破書案。劉主拔劍，石分兩段。

回身擰轉右腿用膝頂起，兩掌從後旋轉從上往下一砍，手臂放於右膝兩側，大指氣催小指打手脖。

劈字八勢

蘇秦遊說背得回，寶劍出匣雙披開。
項莊勸酒豈無意，樊噲切肉信有才。
仲謀怒劈龍書案，夫人喜臥梳粧檯。
石分兩段劉先主，青釭還隨子龍來。

第十三勢　猴兒牽繩

頭上有繩，拉拉扯扯。猴兒牽著，倒栽一跌。

右足向後落步，兩手從右側向後一牽，氣落十指尖，肘尖力往懷一

寶劍雙披圖像

收，身往下沉坐，氣樞臂尖。

牽字八勢

寶劍劈開兩雙手，項上繩兒牢牢拴。
直如朱絃飄飄動，軟似紅絨密密懸。
修綆豈能終日繫，千里便是一線牽。
悟空拉定豬八戒，一步一跌見金蟬。

第十四勢　雙手推山

動也不動，穩如太山。
雙手推之，猛注上掀。

擰腰回轉，雙手交叉從上而下分畫於身腰兩側，雙手立掌平推，兩掌手背貼於胸前，氣催手心。

猴兒牽繩圖像

雙手推山圖像

推字八勢

順手牽來天柱折，腳跟無線怎扶持。
推倒一世之豪傑，開蕩萬古之心思。
誰道太山搖不動，偏如朽木焉能支。
鴻門闖帳甲士仆，岳家軍令真可帥。

第十五勢　直符送書

奇門誰知，直符隨時。
即刻送到，陰陽二書。

兩掌變拳交叉直伸頭上，往前一衝氣落手腕兩骨節上，兩足隨勢向前上步打胸腹。

直符送書圖像

敵字八勢

遁甲之書書可疑，此中元妙有誰知。

吉日忽遇直符到，後邊還有直使隨。
陰陽順逆看二至，日月星光分三奇。
閑來靜心仔細玩，料得鬼神也難欺。

第十六勢　猛虎探爪

猛虎翻身，力用全幅。
下挿入地，即時立仆。

轉身側勢右足回收併立，兩腳尖顛起，兩拳變掌從右側上而下氣注手心，形如鐵柱一般。

吃字八勢

地下百獸虎為尊，餓來捕食鎮山門。
怒逐麋鹿伸玉爪，渴飲清泉露金盆。
負嵎曠野人喪膽，剪尾退洞盡驚魂。

猛虎探爪圖像

力倘群羊齊伏首，更是遊子不敢言。

第十七勢　鍾馗抹額

鍾馗鎮宅，兩手磋摩。
神額一抹，嚇退邪魔。

右足向後撤步，身體隨勢回轉，右手臂旋腕上掤停放於頭上，左手屈肘向裏橫一裹，氣落頂門。

粘字八勢

鎮守中宮意氣昂，魁梧奇特露神光。
繞趨金階誅虛耗，收回玉簫並香囊。
曾向凌霄朝帝闕，封為陰司狀元郎。
綠袍列下仗劍勢，定教惡鬼抱頭藏。

鍾馗抹額圖像

第十八勢　暗弩射雕

空中飛鳥，唯雕難射。
暗弩一發，它防不住。

右手臂向下旋拔，左手從身前上衝打其下頷，雙腳隨動勢向前擠步，身沉頭仰勁力前送。

隨字八勢

搭起涼棚偷眼瞧，空中摩天一黑鵬。
右手捨矢矢如破，左手推弓弓既調。
大鵬展翅難逸去，高墉射隼落彩毛。
十指連弩齊放起，就是飛虎也難逃。

暗弩射雕圖像

第十九勢　白虎靠山

白虎洗臉，捨身倒轉。兩掌一仰，太山壓卵。

身子從左向後旋轉一圈，右足連撤兩步，左足隨勢倒撤步，兩手隨轉勢向後交叉上掤，從兩側分畫而上。

閃字八勢

伏下窩弓待猛獸，白虎一跳入深山。
翻身直占高崗上，低頭俯瞰碧水灣。
展開飛翅添羽翼，合住斗口露斑斕。
張牙舞爪倒退洞，扭項抱頭非等閒。

第二十勢　雙峰對峙

玉門古渡，雙峰豁然。肘尖豎起，打中心坎。

右腳向前上步，頭俯身沉，兩手在身前分拔，雙肘齊起往懷中一

白虎靠山圖像

頂，氣點肘尖打短肋。

驚字八勢

背負太行望玉門，雙峰對峙勢自尊。
陳香劈斧華岳破，班超入關渡口存。
月明九秋擣霜杵，山頭半夜啼心猿。
天造地設留勝地，萬古千載乾與坤。

第二十一勢　螃蟹合甲

螃蟹拱手，金甲一對。合在中間，腦骨粉碎。

兩手以下弧線外繞向上合打太陽穴，氣落十指骨節。兩腿隨動勢撤換步法，左腳在前。

勾字八勢

螃蟹吐沫不露頭，一世橫行只自由。

雙峰對峙圖像

右帶狼牙雕翎箭，左挎角弓月九秋。
裏邊炮子先打耳，陰陽磨兒轉悠悠。
遇著對家齊拱手，渾身甲冑總無憂。

第二十二勢　童子拜佛

善材童子，禮拜觀音。
南無陀佛，紅火出林。

後腿上步，左腳跟進，雙拳變掌從兩側分畫而下，雙掌從腹前向前上方穿刺，氣落十指尖。

連字八勢

羅剎女兒是紅孩，大士點化成善材。
跪下俯首地戶閉，起時頂珠天門開。

螃蟹合甲圖像

童子拜佛圖像

左顧文殊左邊走，右盼普賢右邊來。
一片火雲空中舞，二十四勢拜蓮臺。

第二十三勢　蝴蝶對飛

穿花蝴蝶，款款飛來。
莊周一夢，對對戲梅。

雙手回曲向外畫弧一圈，而後手背相對，向前穿插，穿刺咽喉，兩腳隨動勢向前一擠。

進字八勢

莫嫌蝴蝶氣力微，終朝採綠伴金扉。
春入河陽花生滿，雨打秋江葉正肥。
兒童嬉戲齊拍手，羽翼蹁躚自忘機。

蝴蝶對飛圖像

唯有莊周清夢好，時時刻刻共非非。

第二十四勢　金貓捕鼠

子乃眞鼠，終日畏貓。
金尾三擺，有命難逃。

回身旋轉一圈，右腳向後撤步，左腳隨後撤而後交腿下蹲。左手臂向後撩，伸右手畫弧，交叉分兩側。

退字八勢

金貓金尾金睛黃，金眼捕鼠輩輩忙。
十字劈來胸懷破，順勢摟去肩背傷。
翻身直跳西鄰苑，爪尖又掃東家牆。
當頭奮擊群耗死，從容退食任彷徨。

金貓捕鼠圖像

二、大羅漢拳譜

第一勢　十八羅漢參禪堂

勢如參禪之狀一樣，先靜而後動。兩手握拳往上下一分，雙手擱在小腹臍下，手心向上再從下徑上直下，雙手皆亦下插。

羅漢十八，各自有法。
各顯法力，誰都難架。

第二勢　金剛搗碓振八方

接上勢，左手往左邊下撩，左手往肩窩一插，隨後碓右手右腳齊向左上；右手領，左手下插，頭手足一齊往下一振，全身下來。

十八羅漢參禪堂圖像

金剛搗碓振八方圖像

金剛神杵，眞正厲害。
猛往下來，必然帶災。

第三勢　玉女捧盒朝上倉

接上勢，雙手往下一分，手腳齊向右轉，右足著地，右足點擊，雙手一挽上挑，左手指貼於右掌根，三尖照到勢。

小小幼女，雙手捧合。
三尖照到，一命難躲。

第四勢　火焰攢心猿猴忙

雙手往下一旦，望面一點，左手往右

玉女捧盒朝上倉圖像

一夾，指插右手，從左肩上拉到右乳前，右肩一還衝打心口上。

火焰雖小，用扇來扇。
猛注前衝，他必歸天。

第五勢　二龍吸珠左右行

雙手一旦，從下向上，一挑到右乳前，硬著肘心，一老一少雙拳去衝打心核，氣落左眼角，兩勢一樣用法。

兩條青龍，左右來戲。
用時發力，老少相隨。

火焰攢心猿猴忙圖像

二龍吸珠左右行圖像

第六勢　刷袖子一腳踢襠

接上勢，身向後回轉，左手隨身轉向後摟手，右手勒左腳踢襠，再跳起使二起腳一踢更妙。

扭轉身子，左手勒刷。
使腳插踢，命染黃沙。

第七勢　二郎擔山趕太陽

接上勢，右手前使，左手往前一催，右手往後一勒，右手右足衝打，單鞭勢落點，氣落右眼角上。

楊家二郎，變化勢多。

刷袖子一腳踢襠圖像

二郎擔出趕太陽圖像

法力一抖，神鬼難抹。

第八勢　掩住手劈破胸膛

左手往右肋窩一插，右手反掄，左手隨腳踐跳過去，左手壓住，右手平拳衝打，要硬著肘心方妙。

翻身一摟，左手掩壓。
右拳平衝，一命必休。

第九勢　偷步兒戲水鴛鴦

雙手往右一雲，身子隨轉右步，右邊上右手，勒左拳衝打，斜行落點。

掩住手劈破胸膛圖像　偷步兒戲水鴛鴦圖像

鴛鴦好鳥，水中浮游。
偶然遇著，左右相顧。

第十勢　沉肘尖沉香救母

左手旋拿勒住，右臂屈肘，用肘尖橫打向前，連做二次，左右一樣用法，兩腳左右撤步交換。

劉家孩兒，名叫沉香。
手執神斧，華山救母。

第十一勢　奪窩巢單展鳳凰

右手反打左手劈下，右手下蓋左手

沉肘尖沉香救母圖像

奪窩巢單展鳳凰圖像

上衝，反劈蓋衝勢，鼓腹昂胸，氣落枕骨尖。

鳳凰鳥兒，來守窩巢。
別鳥看見，必然爭奪。

第十二勢　李純孝跺塌樓牆

兩手一開一合，左手順頭向右，右手隨右腿出去再一開一合，左手托頭，右手順大腿蹬去下插，如丁字形，陽氣一透，如閃電一擊。

純孝神力，恨地無環。
用腳一蹬，樓塌半邊。

李純孝跺塌樓牆圖像

第十三勢　鷂子抓肩人傷亡

全身領起左手插，右手反掄，勒住他手，左手抓肩窩，右手反擰，左手猛往下壓，抓拿之勢。

鷂子雖小，性子真暴。爪抓肩窩，命都難逃。

第十四勢　佛頂珠照路光明

隨上勢，右腳提起上步，左腳隨後上步。左手往外一挑，右手旋腕拿勒，左手一壓，與掩手用法相同。

佛祖頭上，一顆明珠。

鷂子抓肩人傷亡圖像

佛頂珠照路光明圖像

照路寬大，人人難捕。

第十五勢　君請懷白鵝亮翅

左手從右肩上一挑，右手向下一插。左腳點地，右腳屈勾貼左腿。左手斜領上身，右手護右腳。右邊一樣用法。

白鵝亮翅，左右展開。
你若進來，不死帶災。

第十六勢　如雷聲五虎群羊

兩手一開一合，全身振落，身

君請懷白鵝亮翅圖像　　如雷聲五虎群羊圖像

屈，兩手從肋下平推，氣頂面門。

吼聲如雷，猛虎下山。
見羊猛撲，必傾面前。

第十七勢　退步兒金雞撒膀

兩手一分一推一摟，左腳蹬胸口，手往後掄，正身後退，側身落點，左手掌在前，右手掌隨後，右腿後撤，如金雞撒膀之狀。

前有人來，必往後退。
側身撒膀，哪個敢追。

第十八勢　拉七星劍鋒難當

雙手一雲，向左上步，推出右手，左手下插，左手隨後從右手上拉回，往前一頂打獻杯勢。右腳實，左腳虛，擎落點。

一老一少，往前擎進。

看像飲酒，哪個敢飲。

退步兒金雞撒膀圖像

拉七星劍鋒難當圖像

三、青龍出海拳

第一勢　渾元一氣在心中

渾元一氣勢，右膀朝前，雙手交擱胸下，此未開勢，聚氣、振氣之法。凡煉形氣與人對敵，未動勢之前，先聚精會神，以通其意，不拘不滯，不偏不斜，寂然不動，靜含動機，感而遂通，即如弩箭之在弓矣。

此守靜之法，上下內外俱顧，吸擎滿腹，全體振起，聚精會神，勃然莫遏，練形則氣不鬆懈，交手則勇增百倍。察動靜於未萌，視遠近於尺寸，神化不測，先發後發，屈曲任意，含蓄吞吐，盡在靜勢之中，勿作閑勢放過。宜勤演於平日，留心於當前，由勉強而自然，斯得之矣。

第二勢　雙龍撲鬚舞遙空

接勢過氣（凡言接勢過氣者，是接上勢之氣，而過於本勢之氣也），此出手一落三處之法。隨上勢左步一上，即懸踢右腳。右手陰拳伸在上，左陽拳伸於下，與已額平對，打他人鼻梁、人中。帶擢撞勢，右腳踢小便，三處一齊落點。

本勢接氣：弓身俯仰，入陽氣，落點將陰氣扶起，兩拳氣頂中指根節。右腳尖伸趫，大指領氣。左腳顛掀，氣點前掌，身如弓樣。

三尖照：頭與右拳照，左拳與右腳照。

本勢過氣：脊背一弓，氣自分入手腳。

第三勢　春雷一爆起臥龍

接勢過氣，此截手跺足法。隨上勢落跺右腳，接跺左腳，俱要著力，猛跺如霹靂之聲。左仰手接拿，右側拳劈下，榨照左手手心，兩手擱在襠內側。俯身屈膝，使左膝頂住右腿鬼眼穴。

本勢點氣：側身俯握，入側陽氣，頭氣落栽右額角，右拳氣榨入小指，左手掌心擎托，右腳氣踏外楞，左腳氣點內楞。

三尖照：半側頭，右頭角與右肘彎照，下與右腳尖照。

本勢過氣：頭右栽，提左肩，氣自過於右拳。

第四勢　勢如長虹排遠駕（一）

接勢過氣，此掤撞一氣法。低頂膀根，高打左眼，進手法將左腰往前一凹，右腹一凸，右拳並股往上一擰掤高，打他人左眼。低照膀根直入頂撞，大指向下，小指在上，右蝦蟆肚貼對右耳，擎兩足，往前一寸步，左拳伏擱左乳上。

本勢點氣：俯身直入，入陽氣落點扶陰氣，頭氣入額顱，右拳中指領氣兩腳尖，小指領氣。

三尖照：右拳與額顱、左肘與左腳尖照。

本勢過氣：身一伏入左肘，一拗左步往前一隨，氣自送到右拳（勢如長虹排遠駕第一圖）。

第四勢　勢如長虹排遠駕（二）

接勢過氣，此右掛左衝法。隨上勢，右步掄入，左步跟隨，右擰身十字勢。右膊仰掛，左拳衝打，擺右膀，伸左膀使。

本勢點氣：仰身右擰旋陽入陰，右膊領掛，氣縮右肘尖。左拳斜衝，中指根節領氣。右腳尖擰向外，左腳跟擰向外，雁行步，俱是小指著力。

三尖照：左拳與右腳跟照。

本勢過氣：此十字過氣法，左腳擰過氣於右手，右腳擰過氣於左手（勢如長虹排遠駕第二圖）。

第四勢　勢如長虹排遠駕（三）

接勢過氣，此左摟右劈法。隨上勢右步往前一上，左仰拳中指根節領氣往後一沉，右側拳小指根節著力往下一劈，下滑過左腿外，左拳捽飄左胯後上。

本勢點氣：側身俯栽，側陽入側陰，頭氣落於右額角，右腳氣入小趾，左腳氣入大趾。

三尖照：右肩尖與右腳照，右腳與頭右角照。

本勢過氣：栽頭捽掀，左膊氣自入過右拳（勢如長虹排遠駕第三圖）。

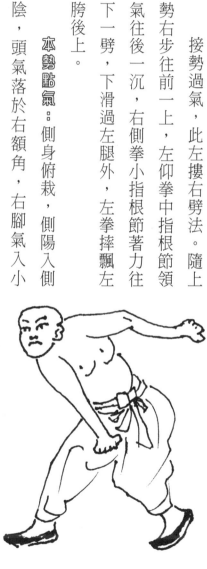

第五勢　形似梨花捲殘風

接勢過氣，此雙衝手雙分手法。隨上勢雙拳一擢，即隨上左步，半轉身，兩手再一圈擢，往上直衝，落點分撐兩拳，擰裏大指向外，仰面直勢，顛足長身。

本勢點氣：昂勢提身入陰氣，頭氣落於腦後，兩手分捲，小指裏催，氣旋大指，兩腳尖顛擎，小趾著力提胸，硬膝彎。

三尖照：兩耳下與腳相照。

本勢過氣：仰面顛足，氣自衝於兩拳。

第六勢　奮足直上青雲路（一）

接勢過氣，此雙摟手撩陰踢法。隨上勢進右步，頭一磕，兩手往後一摟，左腳一踢。

本勢點氣：踢腳俯磕，入陽氣，頭氣落於額顱，兩手氣領中指端。左腳尖勾趫，氣頂大趾。右腳尖顛送，氣顛大趾。弓背勾頭，右腿彎硬往上送顛。

三尖照：頭與左腳照，兩手中間與右腳照。

本勢過氣：脊背弓握，分入頭足。

第六勢　奮足直上青雲路（二）

接勢過氣，此腳手齊起攉踢齊用法。隨上勢左腳一落，即雙手齊攉起，右腳隨勢一踢，一氣落點。兩手往下一捽摟，即起踢左腳，兩手復掄上。

本勢點氣：起右腳仰面，身入陰氣，起左腳，捽手還入陽氣。

三尖照：左手與右腳照，下頷與右腳照。

本勢過氣：兩手猛攉，氣自顛起（奮足直上青雲路第二圖）。

第七勢　翻身伏入水晶宮（一）

接勢過氣，此抓摳伏按法。隨上勢，兩手往下猛一分摔，即落左腳，伏身開襠，左手接照左襠前陰伏拳，右拳飄於右胯後，屈右膝伸左腿，凹腰懸臂。

本勢點氣：入側陽扶側陰，頭氣落左額角，左手中指領氣，右小指拘領，右腳小趾著力。

三尖照：左肩尖與左腳尖照，胸與左腳照。

本勢過氣：伏身掀右膊，左拳自下。

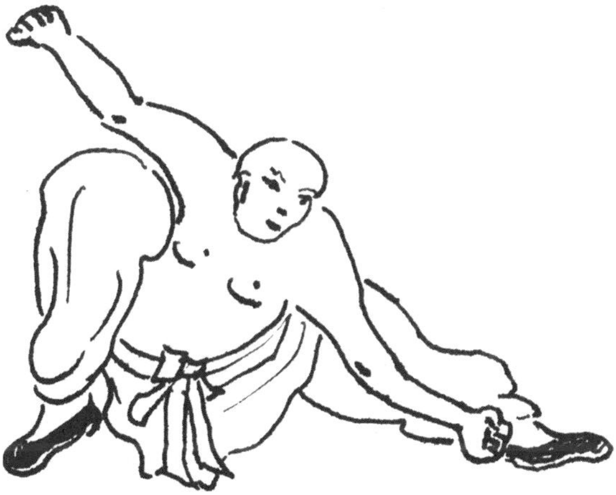

第七勢　翻身伏入水晶宮（二）

接勢過氣，此伏仆下打臁骨法。隨上勢，左探身，右陰拳不變，直前撞打，右側拳一伸，左膝屈，右腿直。

本勢點氣：伏身左仆，入側陽氣，頭氣栽入左額角。左手中指二節領氣，右手氣擺大指，左右腳俱小趾著力。

三尖照：左手左腳與頭上下相照。

本勢過氣：右轉側拳，胸一開，氣自送入左拳（翻身伏入水晶宮第二圖）。

第八勢　伸手欲摘天邊月

接勢過氣，此衝打下頷法。隨上勢，上右步，右拳自下而上直往上衝，左拳貼身直往下插，側身起勢，右肋氣往上提，右步左步隨併。

本勢點氣：頭微左歪氣落左額角，右拳氣頂中指根節，左拳氣擰大指，腎氣催脾，兩足顛提，右腳大趾內楞著力，左腳小趾外楞著力。

三尖照：右拳貼照右耳，左拳插左腳。

本勢過氣：右拳伸插直，右肋昂提，右腳提送，氣自衝入右拳。

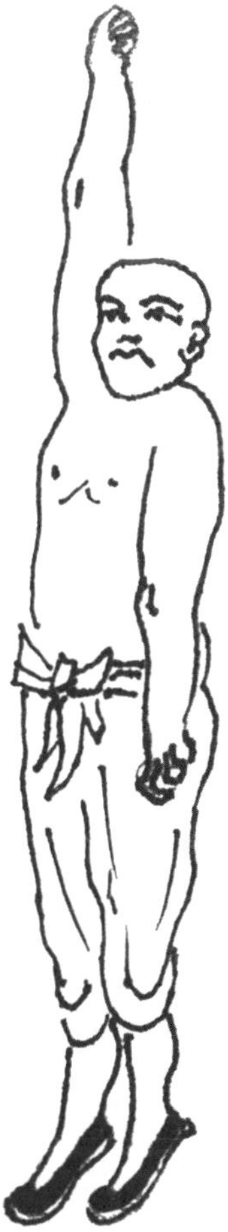

第九勢　反掌連叩景陽鐘（一）

接勢過氣，此扳劈斧衝四手右打法。隨上勢，進左步，左扳仰拳一扳，即上右步，右側拳一劈，又進右步，隨左步，左陰拳一鎊，右豎拳一衝。

本勢點氣：側陰扶側陽，頭氣側入左額角，右拳中指根節領氣，左拳氣爬入中指二節。右腳顛送，左腳伸踏。

三尖照：右手右腳與右耳上下相照。

本勢過氣：提右肋，顛右足，爬沉左拳，氣自衝入右拳。

第九勢　反掌連叩景陽鐘（二）

接勢過氣，此扳劈斧衝四手左打法。上勢進右步，右拳回一扳，即上左步，左側拳一劈，又進左步、隨右步，右陰拳一壓，左豎拳一衝。

本勢點氣：側陰扶側陽，頭氣側入右額角，左拳中指根節領氣，右拳氣爬入中指二節。左腳顛送，右腳伸踏。

三尖照：左手、左腳與左耳上下相照。

本勢過氣：提右肋，顛左腳，爬沉右拳，氣自入左拳（反掌連叩景陽鐘第二圖）。

第十勢　子路端恭三有禮

接勢過氣，此採手抓攥之法。隨上勢，回正身進右步，隨左步，伸雙陰手照人眼上一紮，與己額平，即抓住往胸下一扯，貼於胸，退左步，攔右步，左腳平踏，右腳顛擎。

本勢點氣：弓身伏採，入陽扶陰，頭氣入下頷，兩手摳捲，中指領氣，右腳氣點大趾，左腳氣點外掌，兩肘尖夾肋。

三尖照：頭照右腳尖，兩拳正中與腳尖照。

本勢過氣：扯步填胸，氣縮兩肘。

第十一勢　腳踢猛虎七萃雄（一）

接勢過氣，此四面齊打法。隨上勢，進左步，兩拳齊分，面前仰拳，分打兩邊，懸踢右腳，撩陰踢面前人，進步蹻腳，身必前移，閃躲後邊人。

本勢點氣：仰面昂胸，入陰氣，頭氣落於腦後，兩拳仰落沉入中指根節。右腳尖勾蹺，氣入大趾，左腳尖顛擎，氣點大指趾。兩肘一凸，氣填肘心；右膝彎，氣一硬，左膝彎，氣擎住一顛。

三尖照：頷與右腳尖照，下與左腳照，兩拳橫擔相照。

本勢過氣：仰身懸腳，氣自反壓，沉入兩中指根節。

第十一勢　腳踢猛虎七萃雄（二）

接勢過氣，此躲後栽打前法。隨上勢，落右腳步，隨跟左步，轉陰拳，右轉側拳十字勢往前直衝打。

本勢點氣：入陽氣，頭一俯，氣入額顱，左手直伸栽，氣領中指二節，右拳擰伸擺肩；右腳栽點，氣入大趾，左腳隨進，後跟往外擺，氣入小趾，右膝微屈，左腿伸直。

三尖照：額與左拳照，左拳與右腳照。

本勢過氣：擺右手開胸氣，氣自入於左手（腳踢猛虎七萃雄第二圖）。

第十二勢　回頭一顧香煙起

接勢過氣，此斜身衝打法。隨上勢，右回身上右步，右仰拳往上斜衝，左陰拳爬沉左乳下，左腳往上提勾，側面斜身。

本勢點氣：斜衝顛足，入側陰側陽氣，右拳斜衝，氣領中指根節，左拳爬，行氣入大指二節。左腳勾送，氣提膝蓋，右腳顛送，氣領小趾，頭氣頂於額上邊。

三尖照：右膊貼照右耳，下照右腳。

本勢過氣：左腳提勾一送，右腳一顛，氣自衝於右拳。

第十三勢　韋駝提杵顯神功

接勢過氣，此手擢腳踼一齊俱起打法。隨上勢，左拳往上一擢，左腳往上一踼，俱要高踼高擢，仰面昂胸。

本勢點氣：仰身顛足，入陰扶陽，頭氣落於腦後，左手氣托手脖；左腳氣衝大趾，右腳氣落小趾。

三尖照：下頷與左手、左腳照。

本勢過氣：仰身顛足，右腳氣自入左手、左腳。

第十四勢　擺脫楊柳舞回風

接勢過氣，此摔抓兩邊開路欲走法。隨上勢，落左步，起右腳，橫往左擺打，兩手抓住往右摔扳。又落右步，起左腳，橫往右擺，兩手抓住往左摔扳。

本勢點氣：十字紐縹，入陰陽氣，頭氣左轉入右腮，右轉入左腮，右腳左擺，氣入右外愣，左腳右擺，氣入左外愣，兩腳換踏，大趾顛擰。

三尖照：左肩與右腳照，右肩與左腳照。又云：左肩尖與左腳尖照，下頷與右肩內照，左亦如之。

本勢過氣：摔手擺腳，氣自扭合於中。

第十五勢　刀劈華山楊二郎

接勢過氣，隨上勢，落左步，右拳往下一刷，隨還右步，即一氣輪環上再一劈。落右步起左腳，右豎拳往後一領，左側拳伸膊一撐，落左步，小四平勢。

本勢點氣：仰面分撐，分陰入陽，頭氣偏落右枕骨，左拳氣頂中指平面。右拳小指裹送大指，直身凹腰懸臀，氣坐臀尖，開襠擺膝，兩腳外楞著力。

三尖照：頭與右手、左腳照。

本勢過氣：開胸合背，氣自分入兩手。

第十六勢　斧劈老君程四公（一）

接勢過氣，此打背後回上左步左劈法。隨上勢，右回身右翻仰拳一扳，右步一上，左側拳一劈，大落勢劈到底。

本勢點氣：左側身俯栽，入右側陽氣，頭氣落於左額角，左手氣入小指。右拳氣沉手背，兩腳外楞著力。

三尖照：左肩、左膝及頭三處相照，手與右膝內照。

本勢過氣：提右肩，顛右胯，氣自過於左拳。

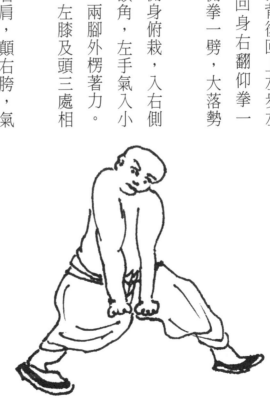

第十六勢　斧劈老君程四公（二）

接勢過氣，此追進上右步右劈法。隨上勢，左翻仰拳一扳，右步一上，右側拳一氣劈到膝下，左拳隨與右肘平。

本勢點氣：右側身俯栽，入右側陽，頭氣入右額角，右手氣落小指，左手沉於手背。前腳尖著力，後腳小趾著力，中氣歸於臍上。

三尖照：右肩、右膝及頭三處相照。

本勢過氣：提左肩顛左胯，中氣一吸而氣自過於右拳（斧破老君程四公第二圖）。

第十七勢 馬踏芳草歸故里

接勢過氣，此回打背後平撞之法。隨上勢，左回身，兩手俱側拳合併，左腳一回，盡右腳一回，直往前撞打。

本勢點氣：回身探送，平入陽氣，頭氣迎頂鼻梁，兩拳中指領氣，頂送平面。左腳氣入小趾，右腳氣入大趾；氣頂肘心，兩肘伸直。

三尖照：頭照兩拳正中，兩拳與腳尖照。

本勢過氣：左腳倒盡右腳一攛，伸膊送勢，氣自過於兩拳。

第十八勢　倒插楊柳攀孤松

接勢過氣，此追進跺腳，以追為追打法。隨上勢，左轉身提右腳，猛一伸蹬，右膊伸直，貼挨右胯，左膊貼於胸腹，橫擱俯身仆勢。

本勢點氣：入陽扶陽，頭氣頂於頷下，左膊氣撐肘尖，右膊氣入中指，右腳氣入外楞，左腳氣擰小指。

三尖照：下頷照左背中，下與左腳照。

本勢過氣：右陰拳往下一插，退後一步，即將身一提頭一仰，提右腳猛一伸蹬，氣自過於右腳。

第十九勢　夜度陳倉無人識

接勢過氣，此滾入伏身挑打之法。

隨上勢，落右步，提左腳，雙手在己面上一轉掄，再以左轉身伏仆，自下面挑上，是左側拳底身挑打他人襠部。

本勢點氣：側身伏仆，旋入陽扶陰，頭氣仰落腦後。左拳氣挑大指，右拳氣沉中指。左腳氣入大趾尖，右腳氣頂掌心。

三尖照：頭與左拳、左腳照。

本勢過氣：右肩一脫，右腳一擰，右胸一提，氣自過於左拳。

第二十勢　飛過軍棚誰與同

接勢過氣，此插搗栽拳打法。

隨上勢，擎提右腳，轉身右步一落，腳尖點地，右側拳直插搗下，左手上伸，貼於右耳，右肘貼於胯，眼往右看，坐蹲低勢。

本勢點氣：左側陰陽氣入右側陰陽，頭氣縮擎頂心。右拳氣插中指平面，左手氣領大指。右腳氣頂趾尖，左腳氣填於足心。

三尖照：左額與左肩、左腳尖照。

本勢過氣：左肩一提，右肩一脫，氣自栽入右拳。

第二十一勢　閃閃夜珠沉淵裏

接勢過氣，此反掄劈打法。隨上勢，右背轉身起縱右腳、左腳，反背一掄，轉右拳反劈，左拳連劈，兩腳一齊落下，小四平勢。左拳落照襠中，右拳落在右胯後。

本勢點氣：起縱滾身，旋入陰陽氣，頭氣落於腦後。兩拳大指氣催小指，兩腳尖顛擎。

三尖照：直身開襠，小四平勢，頭、肩、腳上下相照。

本勢過氣：起縱掄旋，氣自轉入兩拳。

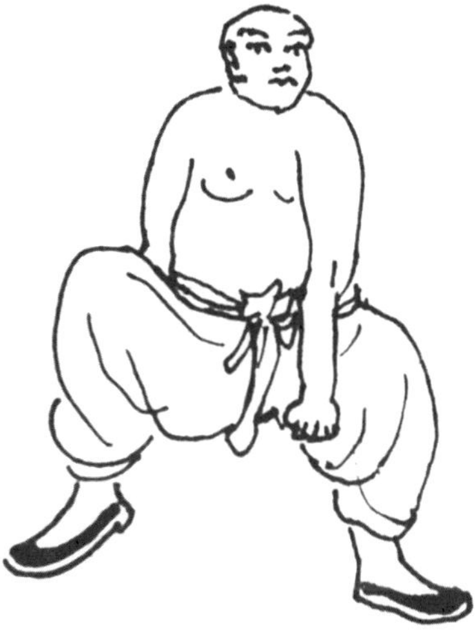

第二十二勢　翩翩玉燕投懷中

接勢過氣，此兩手分扳打法。隨上勢，往前提落後腳，左腳隨之。兩手翻仰，分扳兩邊，手腕放活，中指根節一沉，仍落小四平勢，頭氣衝於頂。

三尖照：左手照左腳，右手照右腳。

本勢點氣：直起直落，陰陽二氣齊入，仰面氣榨腦後，兩手氣沉手背。收合兩肘，兩腳外楞小趾著力。

本勢過氣：脫肩收肘，氣自分入兩手背。

第二十三勢　夜叉探海翹首望

接勢過氣，此入身崩手法。隨上勢，往前一拱崩，橫膊於額上，後腰往前拱，右手飄於右胯後。

本勢點氣：入側陽扶側陰，頭氣掀於下頜，左手氣至大指，右手氣擰小指；左腳大趾著力，右腳小趾著力。

三尖照：頭與左手腕、下與左腳相照。

本勢過氣：右大指往外一擰，左大指往前一飄，右肩一脫，左胸一仰，提氣自入左背楞。

第二十四勢　劍指七星透玲瓏

接勢過氣，此回勢背後三插手法。隨上勢，右回身，使右陰拳直撞打。回右陰拳，左陰拳緊隨，往前直撞打。抽回左陰拳，對擱右肘齊，又使右陰拳往前撞打，右腳腳尖顛地收住。

本勢點氣：俯擱小勢，入陽扶陰，頭氣掀填下頷。右拳氣入中指二節，左拳氣收大指。右腳氣點腳尖，左腳氣撲腳跟。

三尖照：頭與右手、右腳相照。

本勢過氣：收左臂，氣自過入右拳。

四、炮拳 一百零八勢

炮拳拳譜敘

萇老三爺之藝傳留至今，全國各地得到者很少，聽說者很多。聽說者不提，得到者永遠再不忘，謂學者學時很難，不論哪套何勢都有理論，思其名，顧其形，傳其神，身法步眼，頭面眼神，陽拳氣落何處，陰拳氣落哪裏，側正俯仰，擢撩挑壓開合，都有一定之處。襠口前開後合中間圓，玉莖收，穀道合；兩腿前腿不教直膝，膝蓋往後微收，不教跪膝，牽者即倒；後腿不教太屈，後胯往裏一攢，兩膝一分；兩腳尖微往裏勾，十趾抓地，後腳微實著地，兩腳尖一擰，如磐石之穩，渾元以太極也。太極本無極，無中生有。譬如以手來說，四指攏緊，大指第一節指甲按住食指，第三節橫紋亦相太極是也。此拳之理，無有盡休矣。

萇家拳是從《易經》中陰陽太極之原理而編創的。現在來說，北京政府武術科或各省各縣以太極傳興全國，沒有不是亦太極為主。大多數都說純柔無剛，豈不知柔而更能開剛，亦是勢崢嶸、氣泓濃，真一而二，二而一也。大功者可能消化內疾，強筋健骨，內裏之陰陽開合、粘連滑脫、擢撩挑崩壓劈，勢勢無不超過一切之拳矣。

萇氏第八代　高青蓮序

第一勢　渾元一氣

勢未動，兩腳十趾抓地，腳心空，後跟虛放，鬆肩沉氣，靜養丹田，上至百會而下，下至湧泉穴而上，兩氣團聚於中宮，動靜伏仰勢亦隨，三尖照到來勢轉，落點之時著靈機。

歌　訣

渾元一氣，頭伏眼合。
靜為山嶽，動似江河。

第二勢　雙劈手法

接上勢曰：兩手往下一分，從後往上直往前

渾元一氣

雙劈手法

膀，雙手與肩相平，右腳前左腳後，雙手擱於前腿當中，氣落十指尖。

歌　訣

一開一合，雙手前膀。
前若有人，一命歸西。

第三勢　猿猴養性

接上勢曰：左腳上半步，右腳下半步，雙足併立。兩手往下一分，從下往後直往上領，至頭上，雙肘直往下落。兩拳平直相對，雙肘分開，如猿猴養性，氣注鼻尖。

猿猴養性

歌　訣

小小猿猴，養性中間。
跳出洞中，誰人敢攔。

第四勢　童子拜佛

接上勢曰：兩手往下一分，從下往上交叉，連掄三次，兩手一合往上頂，照中鼻孔、咽喉為度。氣落兩眼上，陽氣一透，併足而立。

歌訣

幼童孩子，參拜神佛。
雙手一頂，刺破咽喉。

第五勢　伯王雲頂

接上勢曰：兩手從左往右

伯王雲頂

童子拜佛

一雲，至頭頂，十指尖相對，右腿懸起，眼往上看，氣落胸膛。

歌訣

兩手一雲，如舉金鼎。

誰敢前來，見者必驚。

第六勢　二龍吸珠

接上勢曰：雙足一震落下，雙手落在左乳前，全身屈擎，雙手一還，硬著肘心推去，一老一少，落點氣落右眼。

歌訣

一老一少，父子同朝。

沉肘推去，一撲即倒。

二龍吸珠

第七勢　單鞭救主

接上勢曰：左腳一震，將身子轉向左，左手擱在左乳前，右手指尖與眉齊。兩肩一柔，右手往後一勒，左手衝打心頰，氣落左眼角。

歌　訣

兩肩一柔，即如水流。
右勒左衝，一命必休。

第八勢　閃法三捶

接上勢曰：兩手往前一任，再往後一閃，先動左腳，後動右腳。
點擎左手擱胸齊，右手靠右肋，再左手往右肩窩一插，反背三拳，落

單鞭救主

點氣落鼻梁骨。

歌　訣

反背三拳，人人難攔。
若退不了，命必有險。

第九勢　三捶連勢

隨上勢曰：兩手往前一任，往後一閃，先動右腳，後退左腳。右手擱胸前，左手貼左肋，右手往左胳肢窩一插，反背三拳，落點氣落鼻梁正中間，一帶上下來路。

閃法三捶

三捶連勢

歌　訣

閃法三捶，人難近前。
若不退後，定有危險。

第十勢　仙人指路

隨上勢曰：雙手一旦，左手在前，小指領氣。右手後貼右胯，左眼看左手，右眼看人。襠口前開後合，中間圓，玉莖收，穀道合，是步法之理，氣頂胸膛上。

歌　訣

左領後正，氣擎前胸。
手腳一發，神鬼皆驚。

仙人指路

第十一勢　截捶打肋

隨上勢曰：左肩往下一栽，左手領起，攔其膀根，右拳打他左肋。我腿或左或右或襠中，必插入他身後，一撲他即倒矣。

歌訣

左挑右截，打他左肋。
若退不及，心中必怯。

第十二勢　懷中抱月

接上勢曰：雙手往上一挑，直往下落，頭手足皆曲，雙陽拳打其

懷中抱月　　截捶打肋

小腹，氣落額顱印堂間。

歌　訣

雙手上挑，拳打其腹。
全體皆屈，氣落額顱。

第十三勢　陰陽轉結衝

隨上勢曰，兩手一插，右手反掄，左手隨轉。左手一摟，右手衝打其心頰，鼓腹昂胸，氣落枕骨尖上。右足前，左足後。

歌　訣

陰陽轉結，左摟右衝。
仰面朝天，鼓腹昂胸。

陰陽轉結衝

第十四勢　叉捶打胸

右手一還，勒住他手，我使左拳順左耳入打其胸，要一擠步前上，氣落左眼角，帶盡字。

歌　訣

右摟左叉，打其胸前。
氣落左目，盡字為先。

第十五勢　旋身雲頂

兩手一旦，一雲身子，隨踐跳過來，雙手舉至頭頂。左腳著地，右腳提起，兩眼看手，氣落

叉捶打胸

旋身雲頂

胸前，十指相對。

歌　訣

兩手一雲，身隨足轉。
左脚站地，手拳千斤。

第十六勢　二龍戲珠

雙足一震，肘沉下落，兩肩一揉，硬住肘心推出，一老一少，落點氣落右眼角。

歌　訣

兩足一震，肘靠乳前。
衝打出去，老少相輔。

二龍戲珠

第十七勢　回首單鞭

左腳靠近右腳跟一震，將身掂回，左手在右乳前，右手肘靠右肋。左手往後一勒，右手右足前上衝打，氣落右眼角，襠口前開後合中間圓。

歌訣

腳步放開，右手前衝。
前開後合，錯了不行。

第十八勢　右踢襠勢

左手一插，右手反掄，右腳一踢，左手下迎，手腳協調一致，氣注足尖，彈踢敵方下襠。

回首單鞭

歌訣

踢襠勢兒，莫要輕看。

萬一著重，與命有險。

第十九勢 圍法單鞭

右手向前一任，擠步往前一圍，左手後勒，右手前衝，拳要平直衝打心頦，前手不得過於前腳尖，腳眼手一齊俱到也。

歌訣

左勒右衝，行氣相同。

一樣看法，左右不同。

右踢襠勢

圍法單鞭

第二十勢　閃法三捶

兩手畫撥後閃，而後伏身，右拳從下而上向前畫圈掄打，左右連勢三捶，左拳掄後朝上提起，手心朝前，右拳側提，屈肘停放在右膝上方，沉身呼氣，氣貫右拳尖。

歌訣

三門上拴，勢兒相連。
打開門戶，守株待兔。

第二十一勢　左踢腳勢

右邊一踢，左邊一樣，左右踢

閃法三捶

左踢腳勢

腳使用多，上下左右肩胯相合，自有妙處，生生不窮之理。

歌　訣

左右踢腳，使用最多。
上下來路，誰能抹著。

第二十二勢　單鞭救主

往前一任，圍著擠步打單鞭勢。單鞭者是拳中之要勢，非平常可比之，右撥左衝，一勢到家。

歌　訣

拳中之勢，單鞭為主。
用著即至，那個退出。

單鞭救主

第二十三勢　閃法三捶

雙手往前一任，往後一閃，隨叉著一二三拳。然後右手上領，小指領，左肘下沉，前腳虛後腳實，如觀望之像。

歌　訣

右手上領，左手下沉。
前虛後實，看為觀陣。

第二十四勢　踢腳閃法

往右全身一閃，右手一插，左手反掄，右腳一踢，左肩與右

閃法三捶

踢腳閃法

胯相合，穩為泰山。

歌　訣

右邊一閃，右腳一踢。
肩胯相合，剛柔相濟。

第二十五勢　圍法單鞭

右腳點地，右手前任，左手前推帶往後勒，右拳平直衝打，前腳虛後腳實。後胯再往裏一攢，玉莖一收，穀道合住，氣落右眼角。

歌　訣

左單鞭勢，右單鞭勢。
前開後合，中間襠圓。

圍法單鞭

第二十六勢　閃法三捶

雙手往前一任，右手前左手後，往後一閃，叉打三拳，左手上，右手下，上下一正，左手小指領氣，右拳領氣。

歌　訣

天有日月星，人有三拳轉。
若要用淂出，誰人敢近前。

第二十七勢　當頭炮劈

右肩下沉，右手挑起，左拳衝打心坎。右手上領，左手往前一頂

閃法三捶　當頭炮劈

一合，劈下勢如破竹一般，氣落右眼角。

歌　訣

平拳一衝，雙手劈下。
勢為破竹，一線不差。

第二十八勢　閃法掩手

雙手一任，往後一閃，左手一插，右手反掄，身子隨轉，腳步踐跳，右手勒，左手前開，氣落左眼角。

歌　訣

右手反掄，左手推開。
蕩漾小舟，誰敢近前。

閃法掩手

第二十九勢　分手栽捶

兩手往下一分，身子放正，右手順右耳往下斜打，使之力入地內，左手迎右膀根，氣落頂門印堂間。

歌　訣

一開一合，身子一正。
順耳斜衝，打出皆驚。

第三十勢　朝天一炷香

左手上領，右手隨身轉過一頓，右腳下半步，左腳上半步，全身一旦，

朝天一柱香　　分手栽捶

左手上領，右手下插，上下一線之照，併足而立。

歌　訣

一高一低，直有神氣。

一線之照，併足而立。

第三十一勢　虛勢搭手

左手一雲，右手隨掄，右腳前上，雙手擎落，右腳點擎，如雲之覆山，氣落右眼角。

歌　訣

兩手一雲，右足點擎。

如雲覆山，氣落眼角。

虛勢搭手

第三十二勢　斜行十字

兩手一開，右足斜上，右手一勒，左手衝打，氣落左眼角，敵正我斜，拳打敵方胸腹之間。

歌　訣

斜行步法，拳中要點。
用功省力，使著淂濟。

第三十三勢　右轉雲頂

兩手往右一雲，右步隨轉，雙手舉至頭頂，十指相對，左足著地，右足提起，眼

右轉雲頂

斜行十字

往上看，氣落胸膛上。

歌　訣

雙手高舉，右腳提起。
如舉金鼎，遠閃不行。

第三十四勢　二龍戲珠

頭往上仰，全身往下一震，如雷之聲，沉肘塌肩，兩肩一柔，一老一少推去，氣落右眼角。

歌　訣

頭往上仰，全身下震。
如雷之聲，著意肘心。

二龍戲珠

第三十五勢　單鞭救主

左腳向右腳一震，將身掂回，左手往後一勒，右手右足前上衝打，氣落右眼角。

歌訣

回頭來勒，單鞭硬著。
三尖照到，無處不合。

第三十六勢　閃　手

接上勢，兩拳變掌，右腿後退一步，左腿隨之，右掌附於左肘上處，與左掌同時畫撥，左腳屈擎。

歌訣

閃法多膀落，看閑使用多。
任他千斤力，不能奈我何。

第三十七勢 左八捶

右拳從下向上畫圈，反臂掄打，左拳隨勢滾掄後向前上方衝打，手心朝上；腳隨勢左右換步，全身動作起隨追，內外相合。

歌訣

手動起根，身動隨連。
腿動追牽，氣催拳尖。

左八捶

第三十八勢　左拿掩手

左手反掄旋拿敵腕，右手右腳同時進到，身向下一沉，左手抽提，右手在敵手臂上推壓，氣落右眼角。

歌　訣

左手抽提，右手掩壓。
全身一動，人都難架。

第三十九勢　左栽捶

兩手一開，左手從左耳邊往前下衝打，使之力入地中，氣落印堂間。右手屈肘停放於頭面右側，伏身，重心後放。

歌　訣

左栽拳打，如探深淵。　使用拳頭，浪水火翻。

左拿掩手

左栽捶

第四十勢　左搭手

右手往上領，左手隨身轉過，一連兩個搭手，雙手一搭，左腳屈擎，腳尖點地，氣落左眼角。

歌訣

如月之圓，如燈光轉。

搭手擎聚，如雲覆山。

左搭手

第四十一勢　十字捶

左手勒開，右手斜衝，左腳斜上，十字步，眼注右手，落點擠步沉身，擊敵胸腹。

歌　訣

左手勒足，右手斜衝。
十字步眼，都難躲清。

第四十二勢　懷中抱月

兩手往上一分，全身皆曲，頭伏腿曲，兩手陽拳，打其小腹，氣落印堂中，此封上打下之法。

十字捶

歌訣

懷中抱月，全身屈擎。
打其小腹，誰都膽怯。

第四十三勢　猛虎占高崗

兩手一叉，猛往右前方一栽，弓背足尖點地，兩手十指下插，氣落腰正中間。

歌訣

猛虎猛勇，占則高崗。
弓背屈擎，腳手點地。

猛虎占高崗　　懷中抱月

第四十四勢　高挑低進

左肩往下一栽，左膀向左一擺，左腳隨進，右手衝打其心腹，左手大小指往上領氣，右手中指根節領氣，氣落兩眼。

歌訣

高挑低進，任重千斤。
硬肘攉去，那個不尊。

第四十五勢　側蝶戲梅

左手一板（扳），右步隨進，點擎著地，右陽拳打其腳面，氣落

側蝶戲梅　　高挑低進

右眼角上。力發要整，身要下沉，出拳要疾，此乃關鍵也。

歌　訣

拳打腳面，誰敢近前。
有人躲過，便是神仙。

第四十六勢　白鵝亮翅

左手一插，右手隨動；全身跳過，左足屈提，右足立地。左手顧左足，全身微向右斜，右手靠右耳，領住上體，眼往左斜看其來路。

歌　訣

身如白鵝，全體斜著。
有人前來，雙足震跺。

白鵝亮翅

第四十七勢　站耳聽風

全體一旦，小擠步，兩手向前迎，上攔其膀根，小身法，氣落右眼角。左眼前看來路，觀敵其變。

歌　訣

全身一旦，擠步向前。
攔其膀根，聽風一般。

第四十八勢　雙龍撲鬚

兩手往右邊一攔，將他手攔過，再將雙拳一入出去，右陰左陽打胸脯，氣落二目。

站耳聽風

雙龍撲鬚

歌　訣

小小青龍，紋鬚來用。
往前一撲，誰人不驚。

第四十九勢　金雞獨立

兩手往下一旦，左手往右胳肢窩一插，右手一雲上領，左手一擰下插；右腿提起，眼往上一翻，全體一振，頭伏，往下一束，如搗碓一般。

歌　訣

眼往上翻，全體俱動。
身往下震，如雷之聲。

金雞獨立

第五十勢　金剛扭鎖

兩肩一搖，左手上挽，右手隨轉，兩手不離脈槽，兩肩兩足一齊揉動，雙足一振落點，擊敵心窩。

歌　訣

金剛又金剛，金剛義氣昂。
雙手把鎖扭，兩肩揉搖晃。

第五十一勢　衝天炮

陰陽一動，轉左手一摟，右手衝其下巴骨或胸前都可，胸昂

金剛扭鎖

衝天炮

腹鼓，氣落枕骨，眼望朝天，鬍鬚倒懸之狀。

歌 訣

左手一摟，右手衝打。
鼓腹昂胸，鬍鬚倒懸。

第五十二勢 十字劈門

左手往左一挑，再往右胳肢窩一插，右手往左一掄，左手一挑，右手陽拳衝打，氣落兩目，肩胯相合。

歌 訣

左手一挑，陽拳衝打。
氣注兩目，合住肩胯。

十字劈門

第五十三勢　劈門二

右肩往前一頂，左手一仰劈下，勢如破竹一樣，氣落左目，三尖照到，無一處不著力。

歌　訣

右肩前頂，左手一仰。
勢如破竹，嘩啦聲響。

第五十四勢　陰陽轉結衝

左手之陰陽一轉，右手往前一摟，左手衝打其下頜，使他不能後退，下勢不生，正身勢落點，前手對鼻準。

劈門二

歌訣

右手扳下，左舉衝發。
正身仰勢，右手靠胯。

第五十五勢　童子拜佛

接上勢曰，雙手一旦，從下往上一分，兩手交叉，擱在面前，左手在內，右手在外，兩足點擎，氣落一身。

歌訣

拜佛童子，氣擎全身。
兩手交叉，那個敢進。

陰陽轉結衝

童子拜佛

第五十六勢　伯王觀陣

接上勢曰，右手先動，左手隨身一齊轉動，左手在頭上，右手心向上擱心齊。左腳站地，右足點擎，為觀陣，向左觀望。

歌　訣

前朝伯王，右觀吉祥。
前有人來，捶擊命亡。

第五十七勢　雙劈手

隨上勢曰，右肩一沉，左手挑起隨衝，左手往前再一頂，右

雙劈手　　伯王觀陣

手劈下，氣落右眼角。

歌　訣

左手前衝，右手下劈。
為破竹響，一命歸西。

第五十八勢　仙人摘茄（一）

接上勢曰，右手攔於左邊，右手連左腳隨上，陽手進摘陰處抓拿，全身、右腳都往後一正。

歌　訣

右手一叉，左陽手進。
為摘茄子，一命歸陰。

仙人摘茄（一）

第五十九勢　仙人摘茄（二）

接上勢曰，雙手一搓，左手擱於右邊，右手陽進，抓住陰處往後一正，沉身下坐，力貫手指。

歌訣

為摘茄子，轉在右邊。
身往後正，命喪黃泉。

第六十勢　劈　手

接上勢曰，兩手一開一合，右叉左反隨身跳過，右手下劈，左手下托，氣落右眼角。

仙人摘茄（二）

歌　訣

右手下劈，左手下托。
為力之到，氣落眼角。

第六十一勢　伯王舉鼎

接上勢曰，兩手一雲，隨身跳過，雙手從胸前往上舉至頭上，十指相對，八字站步，全身微蹲，氣落胸口上，眼往上看。

歌　訣

伯王力大，雙舉千斤。
八字站步，誰敢不尊。

伯王舉鼎

劈　手

第六十二勢　衝天炮

接上勢曰，右手一挑，左手一叉，身子隨轉，左手一扳，右手衝打，胸必昂，腹必鼓，頭必仰，落枕骨。

歌　訣

左扳右衝，鼓腹昂胸。
仰面朝天，氣落枕骨。

衝天炮

第六十三勢　伯王觀陣

隨上勢曰，右手一掄，左手隨轉，雙足隨轉，左手舉至頭齊，右手擱於心齊，面向右前，眼往上看，為觀陣之狀。

歌 訣

伯王舉目，把陣來觀。
他若動手，不死有險。

伯王觀陣

第六十四勢 搖身掤

接上勢曰，左手一雲，右手隨雲，身隨腿追，左手擱左肩，手心向後，右手肘擱放肋處，一連兩搖，眼觀右前方。

歌 訣

一搖兩搖，肩胯相合。
兩手頭齊，退法為貓。

搖身掤

第六十五勢　伯王觀陣

隨上勢曰，左手一分，右手從左手根一分，身子、腳、手全動，左手舉至頭頂，右手擱在心窩齊，右足點地，眼往右看。

歌　訣

伯王好漢，常把陣觀。
偶遇有人，敵就躲閃。

第六十六勢　高挑低進

隨上勢曰，右手往下一沉，挑起，左手前衝，氣落左眼角，

伯王觀陣

高挑低進

擠步之勢，擊敵面門。

歌 訣

左手擢起，右手衝打。
不是敵手，很難支架。

第六十七勢 勒手掉手

接上勢曰，雙手一挽吃住他手，全身往後一坐，為牽繩之狀。兩肩一束，兩肘一沉。

歌 訣

兩手一挽，好似牽繩。
全身後坐，無人不驚。

勒手掉手

第六十八勢　斜行十字步

接上勢曰，左手前扳，右手衝之，肩胯相合，氣落右眼角，敵正我斜，擊敵之虛。

歌　訣

斜來直打，直來斜衝。
左右一樣，使著靈通。

第六十九勢　高挑低入

接上之勢，左手從下向上將敵方手臂挑開，右拳從下向前，平衝敵胸腹間，兩足向前擠步，手腳協調，氣落右眼角。

斜行十字步

歌訣

高挑低入，硬住拳頭。

前有人來，一命嗚呼。

第七十勢　順手牽羊

敵衝拳進我胸前，我即運手纏住敵手腕及臂部，兩足隨勢後撤，兩手在落點時，順敵勁後牽，全身一束，塌肩沉肘，氣入丹田擎住。

歌訣

兩手一分，勒住後退。

全身一束，塌肩沉肘。

順手牽羊　　高挑低入

第七十一勢　紫燕入林

接上勢曰，右勒左衝，肩胯相合，勢很靈通，氣落右眼角，同時右腳向前斜橫上步，步斜拳正之勢。

歌　訣

勒手斜進，肩胯相合。
人若前來，他抹不著。

第七十二勢　烏鴉登枝

接上勢曰，右手往左胳肢窩一叉，左手反掄，右手往下一栽，左腳一振，右手挑起，左手右腳齊

烏鴉登枝　　紫燕入林

上，腳手全在心口上邊，肩胯相合，自穩矣。

歌訣

一衝一登，肩胯相合。
衝面登胸，誰人不驚。

第七十三勢　劈手

隨上勢曰，左拳往前一頂，右手一仰，全身下劈，為執斧破柴之狀，氣落右眼角。

歌訣

劈為刀砍，振起狠煙。
若你後退，容你回還。

劈　手

第七十四勢　鳳鳴出巢

接上勢曰，兩手往下一旦，左手從右手一插，擠步前上，左手心向下，在肩上邊，右手陽拳上衝，胸昂腹鼓之勢。

歌　訣

鳳凰鳴叫，出巢衆鳥。
頭兒一點，聽都來到。

第七十五勢　仙人指路

隨上勢曰，兩手往下一旦

鳳鳴出巢

一叉，左手上掄至右首旁，右手在左，兩手一開，左手向前下撩掃打其小腹，右手往後一正，全身往前下俯探，氣落左目上。

歌訣

左手前撩，右手後正。
探打小腹，人人皆驚。

第七十六勢　右上單鞭

接上勢曰，左手從下提起，在胸前摟撥後向身後一正，力送右臂，右手隨左勢與足同時向前，右

仙人指路

手握拳平衡，右腿落步，重心放後，氣落右眼角。

歌訣

勒一單鞭，二目睜圓。

打落敵人，救主回還。

第七十七勢　閃法三捶

接上勢曰，雙手同時在胸前一畫，向後一閃躲，兩手交叉，右拳反掄，左手隨勢向前掄打後提起，右拳屈肘停放右膝前，右腳虛步點擎，氣貫右拳。

右上單鞭

歌訣

閃法為主，三捶為帥。
若還打去，誰敢進來。

第七十八勢　左右牽手

接上勢曰，兩手在胸前畫撥，隨之向身左邊後牽，而後剪換步法，兩手再畫撥向右邊牽手，身往後退，肘往下沉，氣落左眼角。

歌訣

左邊似牽，右牽像退。
前虛後實，無人敢追。

左右牽手　　閃法三捶

第七十九勢　右衝天炮

接上勢曰，左手一扳，手虎口貼後胯，右手上衝下巴骨，眼往上看，氣落枕骨尖上。

歌訣

左手扳下，右手衝打。
到你跟前，沒法招架。

第八十勢　伯王觀陣

接上勢曰，兩手下落，連身帶手齊轉，左手擱在頭上，右手擱於心口，眼注右前方。

右衝天炮

伯王觀陣

歌　訣

兩下興兵，如若對壘。
未曾交陣，先把陣觀。

第八十一勢　反背三捶

接上勢曰，兩手前任，往後一閃，再一叉，右手反掄，左手隨掄，一連三捶。左拳小指領氣，上領；右拳大指領氣，下沉，氣落鼻梁。

歌　訣

閃法後退，三拳前進。
人若前來，不能近身。

反背三捶

第八十二勢　猴兒牽繩

接上勢曰，左邊一牽繩，右邊一牽手，全身往後坐，塌肩帶沉肘，氣落兩目睛，看他怎動手。

歌　訣

左牽繩，右牽手。
身後正，帶沉肘。

第八十三勢　衝天炮

接上勢曰，右手一摟，左手衝上，打其咽喉、胸脯，頭仰腹鼓，氣落腦後風府間。

猴兒牽繩

歌　訣

右手摟，爲分流。
上衝打，注咽喉。

第八十四勢　猿猴養性

接上勢曰，兩肩一鬆，從下往上反掄，兩拳相對，兩肘一分，頭伏眼合，如養性之狀，氣落印堂間。

歌　訣

猿猴入洞，養性內中。
頭伏眼合，似在朦朧。

衝天炮

猿猴養性

第八十五勢　抽樑換柱

接上勢曰，兩手往下一旦，左手先掄，右手後掄，右手往下一插，左手往上領，小指往上領氣。

歌訣

左手上領，右手下揷。
上下一線，一線不差。

第八十六勢　掩手勢

接上勢曰，左手往外一開，右手往左一勒，左手前

抽樑換柱

掩手勢

胳膊往外一推，氣落左眼角。

歌訣

外撥為開，內撥為合。
右抽左壓，不死反傷。

第八十七勢 栽捶勢

隨上勢曰，正身往後一開，右手順右耳斜衝打小腹，左手迎至右膀根，力入地內，氣落額顱。

歌訣

陽拳上衝，陰拳下栽。
氣落額顱，力入地中。

栽捶勢

第八十八勢　二起腳

接上勢曰，右手反掄，左手隨掄，右手打二起腳，左手前迎，右腳不落地，左肩右胯合住，自然穩如泰山不搖之狀。

歌訣

二起腳打，左手前迎。
肩胯相合，腿似鐵打。

第八十九勢　單鞭勢

接上勢曰，右足點地，右手前任，擠步左手往前一圍，左勒右衝，兩手平直相對，拳頭不能上勾、下勾、內勾、外斜之狀，氣落右眼角。

二起腳

歌　訣

打足還原，平直相對。
前開後合，玉莖收起。

第九十勢　閃法四門鬥

接上勢曰，兩手往後一閃，右拳一反背，右手一擦，右手反後靠，身往前，打不離身子，左手迎住，不得打過身子，氣落右目，兩腿屈擎。

歌　訣

手要閃，氣要合。貼身靠，人難防。

單鞭勢

閃法四門鬥

第九十一勢　猛虎撲食

接上勢曰，兩手一還，身子隨跳落點，兩手前捕，步法要緊跟，氣落頂門，雙掌借全身之力塌按敵胸腹之間。

歌　訣

猛虎勇，見食撲。
雙爪摟，命必休。

第九十二勢　撩陰掌

隨上勢曰，兩手一鬆，再一擦，左手往前撩陰，右手往後一正，身子微往前探，氣落左眼角。

猛虎撲食

歌訣

左手撩，右手正。

打陰處，命必傾。

第九十三勢　閃法四門鬥

隨上勢曰，此勢還得三次做，方為四門鬥法，就是四個方位，各做一次，與前閃法四門鬥同。

歌訣

四門鬥法，變換奇妙。

天地之間，任我縱橫。

撩陰掌

閃法四門鬥

第九十四勢　猛虎撲食

接上勢曰，此勢與前猛虎撲食相同，下勢撩陰掌也與前撩陰掌相同，此連續用法也，為左右之勢。

歌　訣

三勢合一，打法相同。
敵人前來，我自轉換。

第九十五勢　白蛇吐信

接上勢曰，全身往後退，兩手一老一少向前迎

猛虎撲食

白蛇吐信

刺，其頭手腳相合，退法為貓，雙爪齊用。

歌　訣

白蛇通靈，吐信退行。
如貓後縮，雙爪相迎。

第九十六勢　右跛腳

接上勢曰，先一閃，兩手交叉，為陰陽轉結勢，然後全身坐左腳跟上，右腳尖內勾，腳底平放，掃到前面，不能掃過；左手前迎，右手後正，使身子不能前栽後仰，肩胯相

右跛腳

合，身自穩矣。

歌　訣

打跛腳，一溜風。
塵土起，才合用。

第九十七勢　左跛腳

接上勢曰，與上勢相同，唯左右不同矣。

歌　訣

兩勢一樣，用法相同。
精聚神會，勢勢靈通。

左跛腳

第九十八勢　背　掃

接上勢曰，左手上領，右手連右腳、身子全往右後打掃，到背後正面為止，左手上領身子，右手靠腳腿處，肩胯合住。

歌　訣

腳跟背掃，人皆不知。
出其不意，定能成功。

第九十九勢　斜　行

接上勢曰，兩手一雲，沉肘在左乳前，右手扳勒，左手前打，右

背　掃

腳向右邊斜上步，左肩與右胯合，氣落左眼角。

歌　訣

右扳左衝，斜行之用。
肩胯一合，誰人不驚。

第一百勢　牽　手

接上勢曰，兩手往下一分一挽，牽住他手，往後一坐，氣落左眼角，拿者聚氣，牽者落點，勁力爆發後放。

斜　行

牽　手

歌　訣

牽手後掙，繩兒放長。

往後一坐，自取滅亡。

第一零一勢　螃蟹合甲

接上勢曰，兩手一旦，右腳到左腳後，左腳前上，雙拳合打胸前後，氣落左眼，右眼看人。

歌　訣

螃蟹合甲，橫行天下。

雙甲一合，誰都驚怕。

螃蟹合甲

第一零二勢　陰陽轉結

隨上勢曰，雙手一旦，左手一擦，右手隨掄，為半月之形，即像太極圖，罩住上身，氣落鼻梁。

歌　訣

陰轉陽，陽轉陰。
陰陽轉，互有根。

第一零三勢　衝天炮

接上勢曰，左手一摟，右手衝打其下巴骨，左手靠

陰陽轉結

衝天炮

左胯，仰面朝天，髫鬚倒懸，氣落枕骨尖上。

歌　訣

下裁為陽，上衝為陰。
拳頭之用，皆不知音。

第一零四勢　擦捶勢

隨上勢曰，右手扳勒，右腳左邊斜上半步，左手順耳前衝打，要帶晝字。

歌　訣

打拳之勢，須要明白。
擦拳打去，晝字須帶。

擦捶勢

第一零五勢　雲　頂

接上勢曰，雙手一雲，隨身跳轉，雙手舉至頭上，右腳提起，如舉千斤，氣落胸前，眼往上看。

歌　訣

雙手舉千斤，單腿又獨立。
雙眼往上看，氣昂在胸前。

第一零六勢　二龍吸珠

接上勢曰，兩腳一震，身子往下一束，兩肩一揉，一老一少，硬

二龍吸珠　　雲　頂

著肘心摧去，氣落右眼。

歌　訣

打拳之勢，兩眼為帥。

不論左右，二目貫注。

第一零七勢　單鞭救主

隨上勢曰，左腳向右腳旁一震，身子隨轉，左手後勒，右手前衝，下閉穀道，玉莖收，兩腿前開後合、中間圓。

歌　訣

左勒右衝，單鞭勢形。

單鞭救主

正直打去，兩腿一擰。

第一零八勢　伯王觀陣

接上勢曰，左手一掄，腳隨手動，右手隨動，腳也隨轉，右足實放，左足點擎，左拳連肘在左腿根上，右手在頭上，兩拳相對，一陰一陽，氣落雙目。

歌　訣

自古與兵，各顯其飥。
陣勢排開，元帥先觀。

伯王觀陣

五、猿猴二十四棒圖譜

敘

蒗乃周，字洛臣，汜邑人也，深於儒業並精武藝。於門弟子講論之餘，偶及於棒，遂慨然曰：「予之得此，甚為奇也。何奇乎爾？」

乾隆廿九年九月初九日，余與友人禹子鳴一起飲酒賞菊。家童來稟，門有義人求見。出問其所之，義人曰：「天下訪道。」請入室以酒敬之。問其姓名，言姓梁名道，四川人也，談文無所不通，論武精其槍捶。

次晨，庭前演武，果為奇手。又將棒一舞，其中之三尖照到，老少相隨，剛柔相濟，陰陽相生，忽大忽小，忽長忽短，內氣外形貫通合一，宛轉妙用皆中法律。

余一觀之，快忽恍於心契，於志不禁喟然歎曰：「此有道之棒也，願學之。」復以譜志。留義人十餘日，義人辭；苦留義人，三辭，無奈贈路費而去。

高青蓮　序譜（萇氏第七代）

猿猴二十四棒　目錄

第一勢　斬手中平棒　　第二勢　猿猴開鎖能

第三勢　泰山壓頂蓋　　第四勢　劈頭舞風生

第五勢　一木能支起　　第六勢　進步硬中平

第七勢　蘇秦背寶劍　　第八勢　呂布夾戟行

第九勢　打草驚蛇起　　第十勢　降手進中平

第十一勢　金樑橫高架

第十二勢　樵夫擔柴捆

第十三勢　側身使棒打

第十四勢　關公托刀雄

第十五勢　神鯨翻大海

第十六勢　開山說五丁

第十七勢　雙花對對舞

第十八勢　四面不透風

第十九勢　雲頂驚起落

第二十勢　掃堂任飛騰

第二十一勢　青龍來繞室

第二十二勢　烏雲罩滿空

第二十三勢　金棒明光閃

第二十四勢　養性在洞中

托槍程勢

此勢不在二十四勢之中，乃托槍法也。槍棒用同，凡舞槍者必以托槍為首，仄身直立，陰陽各歸本位，上至百會，下至湧泉，氣擊周身，通體靈活，聚精會神。兩手托槍於心下、臍上之正中，前肘心微虛，後肘成圓，前手側拿，後手拿握，兩足微開，上與肩齊，動則降、崩、紮、打、劈、撩、揚、掛，無不得心而應手。前聖所遺，真妙訣也。

側勢氣歸本位之圖

第一勢　斬手中平棒

接勢過氣，此前入平紮法。隨上勢，進左步，隨進右步，兩膝分擺，八字站步，身居兩腿當中，雙肩俱脫，前手食指領氣，陰紮肘心微

虛，肘尖下沉，後手圈紮，後乳下，頭項順，百會領氣，上束兩肋，下束榖道，中氣團團凝結，以待變化，三尖照到，通體一氣，務以靈活為妙。

第二勢　猿猴開鎖能

接勢過氣，此向前擰紮法。隨上勢，往前一上，右步隨進，左步左手轉陽，右手往頭上一□（點校：原稿此處缺字），亦轉陽紮他人

1. 直落中平之圖

2. 進步下紮之圖

小股，身居兩腿當中，三尖照到，通體一氣，內外合一，靜以制動。

第三勢　泰山壓頂蓋

接勢過氣，此落身根打下壓法。隨上勢，右步往前一寸，往下一壓打，右手小指根節領氣，勢如山崩下塌，通體著力一壓，八字站步，兩膝分擺，三尖照到，右足大趾、二趾領氣。本勢過氣，搖膀身氣自入。

第四勢　劈頭舞風生

接勢過氣，此絞手向前劈打。隨上勢，身子一正，右手往肋下一合，左手往右一劈，打十字勢，右足在前，雁行步，右足中指領氣，左手大指、二指領氣，頭氣落右額上，三尖照到，上下一線。

3. 直落下紮之圖

第五勢　一木能支起

接勢過氣，此直身使根撩打法。隨上勢，往前一寸步，直身撩起，右手仰拿，手掌外楞頂托，內楞催裹扶之，左手擘落後肩尖，中指領氣，右足亦中趾領氣，左足與右足微併，通體氣往上升，百會領氣，三尖照到，上下一串。

第六勢　進步硬中平

接勢過氣，此上步硬紮之法。隨上勢，往前一上，左步左手自下往前

4. 下劈身正之圖

5. 直身側撩之圖

紮落，中平勢，左手二指領氣，左足大趾合右足大趾相對領氣。八字站步，兩膝分擺，身居兩腿當中，上至百會，下至湧泉穴，不歪不斜，三尖照到，氣落丹田。此勢之動猛如虎，活為龍，疾如獅。

第七勢　蘇秦背寶劍

接勢過氣，此偎身俯勢背後暗紮法。隨上勢，回身左手劈，一絞手，棒打一個單舞花。上過左步，再往後掄，隨將右手一背，使杆從左肩上出，左手接住，俯身向前送紮。左膝屈頂，右足顛踏，頭領諸歸分之氣，盡歸於上之前，卻用陰氣扶起，使無偏重，三尖照到，一氣捲舒。舞花左手把棒梢往後一收，護腿，右手仰拿棒根，往

6. 中平硬紮之圖

前打一反折棒，左步一上，右手將棒根收貼右肋下，左手往前一出，勒一十字勢，右手拿定棒根，又往前一劈，收回背後，名之曰舞花。

7. 俯身下紮之圖

第八勢　呂布夾戟行

接勢過氣，此倒紮槍法。隨上勢，左手接住，右手轉過前面揫住杆梢，與左手合力摔劈。隨上右步，復退左步偷右步，右手一還轉作後手，左手往前一絞壓，隨住一紮，綻開左步。右手二指領氣，右手大

8. 偷步倒紮之圖

指、二指相對領氣，右足跟領氣，左足小趾領氣，頭回顧與左手照，左手與右腳照，紮膝蓋。

第九勢　打草驚蛇起

接勢過氣，此反往前打法。隨上勢，進右步，轉身左手自上轉前劈打，右手落於右乳下。左手二指領氣，雁行步，三尖照到，身居兩腿當中，氣落丹田，沉肘插肩，氣貫指尖。

第十勢　降手進中平

接勢過氣，此降手打紮法。隨上勢，往前一起縱，左手往前一降一紮，右手仍落右乳下。左手右腳在前，右手左腳在後，雁行步，三尖照到，一氣落點。

9. 紐縹轉打之圖

第十一勢　金樑橫高架

接勢過氣，此掤架之法。隨上勢，往後打一圈，兩手托杆平架，身縮項隘，頭照左足，右足平擱，左足顛踏，俯身掀頦，氣落腦後風府間。

10. 縱身劈打之圖

11. 正身掤架之圖

第十二勢　樵夫擔柴掤

接勢過氣，隨上勢，右回三挑落點，右手大指、二指領氣，右足大趾領氣，棒落右肩上，雁行步，三尖照到，束肋合氣，落點通體堅硬如石。

第十三勢　側身使棒打

接勢過氣，此搓筋降手法。隨上勢，上左步，右手挾擊，左手摔打，右手落於後乳下，微斜步。

第十四勢　關公托刀雄

接勢過氣，此仰手直切法。隨上勢攏步一進，雙手托刀直入他人之股，左手在前，右手高舉，八字站步，左手在前，後掌領氣。

12. 正身擔挑之圖

13. 側身劈山之圖

14. 仰身直切之圖

第十五勢　神鯨翻大海

接勢過氣，此上下、前後劈打法。隨上勢，合手紮膝，左手往右腋間一合，上右步，用右手栽根直搠足面，復翻身大劈代擢挑勢，落點進左步，左手挾於本乳下右側，合手打一拗（音ㄘㄨ）棒。復上右步，右手挾於本乳下左側，合手打一拗棒。三尖照到，一氣滾撲。

第十六勢　開山說五丁

接勢過氣，此上下斜橫劈打法。隨上勢，進右步，正側身，左手往右腋間一合，右手栽根跨打臁骨，隨用盡步。右手一起擺打二目，用左手抓根猛力橫勒貼於左乳，右手回屈，膀氣旋入打一橫勁，趁勢往右胯

15. 側正劈打之圖

邊一擊，左手推按，食指領氣，攜步打一斜行勢，即搶上左步，用流星趕月勢劈打一單鞭。處處三尖照到，一氣旋轉。

第十七勢　雙雙飛花舞

接勢過氣，此一氣化三清打法。隨上勢，回身顛步，左手打一絞手棒，即上左步，左手往後順身一掠，右手撩起隨勢往後攔拿，左手合住，食指領氣劈下。復回身顛步，右手打一絞手棒，即上右

16. 橫豎劈打之圖

17. 前雙舞花之圖

步，右手往後順身一掠，左手撩起，隨勢往後攔擘，右手合住，食指領氣劈下。

第十八勢　四面不透風

接勢過氣，此左右兩舞花勢，旋轉而不停，氣亦隨之而不息，陰陽入扶，只在隨勢而布，觀乎形似錯亂而靡定，然其中之三尖照到，隨處各點亂而卻不亂也。

第十九勢　雲頂驚起落

接勢過氣，此上打一圈之法。隨上勢，往後退步起打一圈，落打一圈，左手在前，足隨手轉三步，陰陽之氣亦隨而入扶。內外之三尖照到，老少隨合，氣之虛實，自佈施均停，妙在內外合一爾。

18. 後雙舞花之圖

第二十勢　掃堂任飛揚

（點校：本篇目錄為「第二十勢 掃堂任飛騰」）

接勢過氣，此下打一圈之法。隨上勢往前旋上步，下打一圈，落打一圈，左手在前，足隨手轉三步，將杆落於腦後，橫擔一架樑勢。至於陰陽入扶，三尖照到，老少隨合，氣之虛實與上同工。

19. 起上圈打之圖

20. 落下掃打之圖

第二十一勢　青龍來繞室

接勢過氣，此回身敵人之法。隨上勢，用右手將根一擊，收入懷中，勒隔他人之槍桿梢劈頂打下，用左手仰接於右手之前。再右手擢起，左手挾肋，頭面一轉，膀氣一入，迎敵他人之槍。一氣直前，左手回擱右肩綽杆，右手領杆直紥，內含無窮之精神變化。右足在前，雁行步法，三尖照到，上下一線。

第二十二勢　烏雲罩滿空

接勢過氣，此劈盡蓋打之法。隨上勢，上左步，右手一勒，左手一劈；上右步，左手一勒，右手一劈，勢隨而轉氣，隨而結俱，雁行步，

21. 折身回打之圖

三尖照到。

第二十三勢　金棒明光閃

金棒閃耀，接勢過氣，此回身降手之法。隨上勢，回左步，隨右步一降一棨，併足長身二氣直入，三尖照到，一氣合成。

22. 自上蓋打之圖

23. 回身降棨之圖

第二十四勢　養性在洞中

猿猴養性接勢過氣，此束氣回宮之法。隨上勢，左腳往前一動帶回身勢，右腳顛踏，用左手打一絞手棒。隨上左步，左手回後一氣劈下，趁勢往右腋下一送，右手將杆別於腰後，左手落在胃前，身法直縮小勢，左足顛放於右足之前，三尖照到，一氣結住。

24. 收束含養之圖

六、呂祖雙劍

雙劍譜序

劍法之傳，歷史甚久，大凡古聖賢士，修德養性皆以舞劍為趣，是以前太阿，後巨闕，及夫南林處女之神妙、公孫大娘之精微，奇品多端，靡可畢指，特述古聖訣竅。

呂祖雙劍，四川冉道人所傳，蓑乃周得之，劍藝甚奇。此劍譜圖解共十二勢，數目無多，劍法奧妙，哲理尤深，雖不比公孫大娘（劍器舞）之美姿，但此劍化繁為簡，上中下，左前右後，無不用之得當，恰到好處。其勢運轉，由內達外，以氣催形，身劍合一，勢勢注重劍技變化，其動中大開大合，忽上忽下，忽前忽後，老少相隨。勢中陰陽相扶相承，剛柔相濟，詭計多變，勢少而精，實乃一奇妙絕技。

萇氏三十六勢劍譜，是以呂祖雙劍為基礎，集所習劍術之精華，熔鑄一爐，創發而成的萇氏雙劍，甚得武林同道讚譽，顯示了萇氏劍法與眾不同的獨特風格。

劉義明　序譜（萇氏八代）

雙劍目錄

第一勢　五雲掤聖起

接勢過氣，開勢雙手提劍，直身側立，雙足齊併，聚精會神，靜以制動。起勢用左手往右邊掄舞，右手亦隨之一雲，左步往右邊一過，右步亦隨轉落此勢。

五雲掤聖起

第二勢　飛舞劍化龍

接勢過氣，隨上勢，雙手往左邊頂上一雲，身足亦往左旋轉。雙手並指，左手在前，右手在後，八字勢，兩膝分擺，四平勢，身居兩腿當中，不歪不斜。此勢靜以制動。

第三勢　雲中高現掌

接勢過氣，隨上勢，往後一收起轉下，左手往左一掄劈，右手亦往左一掄劈，身隨之旋轉，足亦隨，右手往上一挑，左手往下一劈。落此勢，靜以制動。

飛舞劍化龍

雲中高現掌

第四勢　寶劍放光明

接勢過氣，隨上勢，兩手往右一掄舞，右足先往前一走，左足往右前一過，右足又往左足前一過。落此勢，三尖照到，右手配在後邊，其形為高，靜以制動。

第五勢　恭身把佛拜

接勢過氣，隨上勢，往上一撩，右足往前一走，左足走過右足之前，右足仍過左足之前。落此勢，兩劍平交，靜以制動。

寶劍放光明

第六勢　化身顯威靈

接勢過氣，隨上勢，右手往右後，從上往下一砍，右足亦隨轉過，左手亦往右一劈，左足亦隨走過，右足又旋轉，右手又一雲。落此勢，靜以制動。

恭身把佛拜

化身顯威靈

第七勢　春遊興陽地

接勢過氣，隨上勢，右手往右一砍，左手亦往右一砍，左足隨過右足前，右手仍往前一掄砍，右足亦隨過左足前。兩手平托，兩膝分擺，八字站步，右手在前，左手在後。落此勢，靜以制動。

第八勢　夏隱舞雲風

接勢過氣，隨上勢，左手往左一掄砍，右手亦隨往左一掄砍，足亦隨之，滾身旋轉兩次。落此勢，右手在前，左手在後，靜以制動。

春遊興陽地

夏隱舞雲風

第九勢　秋望黃花岳

接勢過氣，隨上勢，兩手往左上一轉掄舞，左足先動，右足往左邊一過，左足仍過在前。右手舉上，左手在下，右足起，左足落。落此勢，靜以制動。

秋望黃花岳

第十勢　冬樂白玉水

接勢過氣，隨上勢，雙手往右邊齊砍落，右足過左足，兩手往後轉上往前砍，仍一掄，上右足，兩手齊劈，俱照右足尖，八字站步，兩膝分擺。落此勢，靜以制動。

第十一勢　四時長修煉

接勢過氣，隨上勢，左手往左邊一砍，左足隨之。右手往左邊一砍，右步隨過左足前，左手隨右步落點一劈，右手往前一平殺，雙手齊分，直身正側勢，東西南北皆為之圍劈四面。靜以制動。

冬樂白玉水

四時長修煉

第十二勢　久養心自靈

接勢過氣，隨上勢，右手往左一平殺，轉上往左手一滾，兩手往上一掄，落下兩劍相交，步亦隨勢少動。落此勢，收氣靜心結住。

久養心自靈

七、雙劍對槍圖譜

序

汜邑槍法馳名，外來訪技多不敢與之比試，以故短器未習，所謂長在此而短既在此也。古隨新象王，諸藝兼通，尤精於劍，珍重藏抱二十有餘年矣，弗肯輕露。然心念學者注意求教，遂不吝珠玉，傾囊而出，罄其所有，以劍對槍、以槍對劍，合之編為六十五勢。

一以見長者，莫持其長，而長者轉短；短者莫嫌其短，而短者轉長。又以見長者當截其長，而長者用短；短者當補其短，而短者用長，長短交濟，乃成金璧。但此等真訣，非祖父上有積德、子孫下有厚福，未易坐獲。間或詭隨之輩，希圖銀錢，狎侮正士，而濫傳匪人，雖得必失，終遭天殃。幾屬同志可不慎與，可不慎重待之！

乾隆四十五年次庚子四月乙亥日

種竹翁純誠氏題（原稿提供者：種竹翁、純誠氏為莨乃周化名）

提杆法

右手提杆，大指、食指扣鉗，手掌微往上捲後，小指斜領一抽，仰面昂胸前；左手側捋，中指扣住，大指、食指放活，槍梢向前，腳尖三路皆可照應，此至當不易之理也，初學尤宜留心。

持劍訣

雙手持劍交抱胸前，右內左外，上斫下削中滾泛而應之，無不曲當也。

出馬一條槍　槍

我提槍照他左膊一紮，此是中平槍法。

詩曰

點鋼矛，
刺許褚。
手中刀，
不得舉。

雙鳳展翅翔 劍

他頂紮我左膊，我倒右步，使右劍摟領開，即上左步，使左劍順他杆下展摔，平割他左手。

詩曰

鳳靈鳥，
雙展翅。
落梧桐，
在咫尺。

倒提戰杵上　槍

他順杆下平割我右手，我退左步，還根撩打他左手脖。

詩曰

降魔杵，
顛倒提。
根一撩，
風落梨。

拔劍斬蛇亡　劍

他還根撩打我左手脖，我將左劍一提，掄揚開，摔切我左邊，即進左步擰旋。旋上右步，使右劍剁他右手脖。

詩曰

三尺劍，
手內提。
蛇斬斷，
分東西。

竹露垂梢低　槍

他左劍揚開捽落左邊，右劍剁我右手脖。我退右步，還梢照他右手脖劈打。

詩曰

青竹竿，
節見長。
垂下露，
梢帶槍。

蘇秦背劍鋩　劍

他還梢打我右手脖。我隨勢將右手一跌，豎右劍領勒，靠遇我右耳外合併左劍，即進右步隨左步，順杆推割他左手。

詩曰

蘇學生，
轉回程。
背雙劍，
鞠躬行。

板鐵定釘穩　槍

他豎雙劍，順杆推割我左手。我仰跌左手，仰舉右手，仰身側勢往左一栽，掤桬他右腳脖背。

詩曰

生鐵板，
定銀釘。
揷地下，
響錚錚。

風擺楊柳長　劍

他側身左栽搠紮我右手背，我懸提右腳躲過，使雙劍摔斫他左膊，帶起縱勢。

詩曰

楊柳絮，
春風搖。
攊過去，
雪花飄。

劈頭棒打破 槍

他縱懸右腿，捽斫我左膊。

我轉上合手，劈打他頭。

詩 曰

金箍棒，
花果來。
頭打破，
頂轟雷。

金莖承露涼　劍

他轉上劈打我頭。我右栽身將頭往右一低，閃搖身鑽於他左身外，舉雙劍掤頂他左膊根。

詩曰

霄漢露，
滴銅盤。
承仙掌，
金莖寒。

金剛現纂進　槍

他舉雙劍掤頂我左膊根。我退左步，還根撩打他兩手脖。

詩曰

金剛纂，
快如風。
挑惡鬼，
牛虛空。

孤樹盤根防 劍

他揚開左膊，還根撩打我兩手脖。我閃下落他左面，蹲居小勢，雙劍平交，殺砍他右腳脖。要旁落，不可正對。

詩曰

孤松樹，
身磊落。
磨盤根，
交雜錯。

泰山壓頂重　槍

他閃下十字，交砍我右腳脖。我踢右腳躲過，即還梢劈打他頭。

詩曰

太山重，
壓累卵。
巨無霸，
郅君短。

雌雄交會揚 劍

他抬右腿，還梢劈打我頭。我進右步，隨左步，仆身俯勢，舉劍交叉，右在上、左在下，十字頂架一氣頂，割他左手。

詩曰

雌雄鞭，
會上方。
聞太師，
意氣昂。

按下紮胸膈　槍

他雙劍交架推割我左手。我退落右步，順勢抽落仰手一按，對紮他胸。

詩曰

按下槍，
紮胸膛。
矛丈八，
如探囊。

順水推舟航　劍

他按下對紮我胸。我上右步，右劍將他杆往右一撥，即順杆豎右劍、推左劍，左劍平在他杆下，平推割他左手。

詩曰

推舟楫，
順水龍。
啼不住，
過萬重。

春雷貫耳內 槍

他順杆下平推我左手。我卸右步，拉左步，抽杆一擺，勒打他右耳腮。

詩曰

春雷疾，
不及掩。
提其耳，
只一貫。

白蛇纏葛秧　劍

他抽杆橫擺勒打我右耳。我左劍一掤撥，我從身左上右步，從他杆下鑽過他左外，纏杆推割他左手。

詩曰

葛秧兮，
白蛇纏。
慢一著，
有牽連。

海底撈月渡　槍

他舉劍掤纏過我左身外，推割我左手。我閃下，伏仆剪打他雙臁骨。

詩曰

水中月，

沿邊撈。

掃海底，

桂樹倒。

野馬跳澗傍　劍

他閃下擺打我雙臁骨。我雙腳齊縱閃過，分捽雙劍捽砍他槍梢，右劍捽砍他左手脖，雙腳齊落。

詩曰

千里馬，
跳潭溪。
斷橋上，
玉龍飛。

腦後摘瓜果　槍

他分捧縱砍，將我杆隔他身後。我閃上起身，擺打他腦後。

詩曰

東嶺上，
大西瓜。
腦後摘，
是行家。

鷂子穿林塘　劍

他閃上擺打我腦後。我從他杆下俯頭左搖身，鑽過他左身外，雙劍砍他左膊。

詩曰

饑鷂子，
翻身揚。
穿山鳥，
過林塘。

秦王搠碑倒 槍

他鑽過我左身外，使雙劍砍我左膊。我背身右轉，使槍根勾打他右腳後跟。

詩曰

小秦王，
斜跨馬。
倒搠碑，
頭捨下。

夜叉探海棃　劍

他背身使根勾打我右腳脖。我搶進左步，過他背後杆外，懸起右步躲過，即左栽身，兩劍交拭他右手脖。他退右步，還梢劈打。我頭躲開他右手。

詩曰

量天尺，
佛燃燈。
金膠剪，
趙公明。

雙手推山搶　劍

他退右步，還梢打我頭。我落上右步，隨進左步，使劍一撥隔他杆，過我身右外，即一氣橫壓他杆，劍梢向我身右，推割他咽喉。

詩曰

山山山，
推一邊。
趕東海，
不用鞭。

井底翻花起　槍

他橫劍順杆推割我咽喉。我進右步，使梢挑隔他推割，即一氣上左步，挑根勾搵，將他兩手脖壓榨下。

詩曰

井底水，
花上翻。
轤輪巴，
絞耳邊。

饑虎捕食噹　劍

他上我背後，使根掛壓我兩手脖。我右斜身搖曳伏仆，從他根鑽過他身左，使雙劍勒割他雙臁骨。

詩曰

視眈眈，
欲逐逐。
饑捕食，
身下伏。

靠山潛龍隱 槍

他右伏仆，使雙劍勒割我臁骨。我右擰身，微退右步，側身左靠，仰面昂左胸，使梢靠他雙劍，閉他勒割。

詩曰

龍潛水，
緊靠山。
藏身爪，
不敢攀。

錦雞灑膀劍　劍

他提杆靠住閉我，雙劍不得出亦不以起。我將左步猛一搶上，右步猛一灑蹬，雙劍往我右一捽砍，俯身猛栽左膀尖，靠打他左膊、左胯，雙劍捽刷他杆帶他左腿。

詩曰

錦雞舞，
翠羽展。
灑翅膀，
肩骨尖。

雷震華峰雁 槍

他栽身使肩尖栽打我左膊、左膀。我勒梢勾襠，雙劍摔砍一氣，退左步舉右手，還根劈打他頭梢，回夾右夾指窩。

詩曰

迅雷動，
華峰轟。
落雁震，
曉猿驚。

直符送書章　劍

他退左步，還根劈打我頭。我將雙劍十字一交擢一氣，上右步伏身仆進，雙劍靶合併倒頂他心窩。

詩曰

奇門遁，
九直符。
送書去，
煙波徒。

倒挑戰袍去　槍

他仆進使劍靶倒我心窩。我退右步，揚開右手，使左手還梢挑擢他兩手。

詩曰

關聖帝，
去許昌。
挑戰袍，
偃月揚。

仙人指路望　劍

他退右步，還梢挑我雙手。我俯身使裁勢，伸兩膊，雙劍交叉十字，將他杆按下，一氣順杆進拭他左手。

詩曰

塵世人，
半糊塗。
仙手指，
悟迷途。

朱能拱地下　槍

他雙劍交叉，順杆按拭我右手。我退右步蹲居小勢，縮左手送右手，犁榨他腳。槍桿要前低後高，方與下文探勢屈伏相合。

詩曰

雀地龍，
直按下。
藏頭兒，
露尾巴。

夜叉探海洋　劍

他落下送榨我右腳面。我將右腳一灑蹬躲開，左步搶栽上，遇他杆內，仆身猛栽，使雙劍順杆交拭他左手。

詩　曰

夜叉鬼，
低頭看。
探海水，
玉虬蟠。

頷下探珠子 槍

他栽身順杆雙劍交拭我左手。我曳身坐落右斜小勢，勾縮左半邊之手送趫，右手執杆仍在他劍下，等紮他咽喉正中。

詩曰

眞珠子，
藏頷下。
硬住手，
不要怕。

側蝶戲梅香　劍

他曳子塵勢，攀杆斜飄等紮刺咽喉處。我側身搶上右步躲他，等紮上到他左身外，雙劍側入順杆拭他左手。

詩曰

花蝴蝶，
聞香棲。
側翅戲，
梅枝底。

橫掃千軍隊　槍

他搶上右步，使外進法側身順杆交拭我左手。我退左步回梢還根，漫頭橫掄在他右身外，橫打他十字交處。

詩曰

千軍隊，
一氣掃。
抹眉橫，
抱頭逃。

老翁仆柳黃 劍

他旋根橫打我十字交處。我雙劍合舉勒領，他杆過我右耳處，即一小閃左栽搖身，從他杆下鑽過他身右，伏仆勒割他右臁骨。

詩曰

河畔柳，
葉兒黃。
老翁仆，
任徜徉。

渭水釣鼇手 槍

他鑽過我身右，伏仆勒割我右膁骨。我拔退右步，還梢照他手下猛力一攉。

詩曰

姜公手，
渭水海。
釣河鯉，
占鼇頭。

掃盡塵埃障　劍

他還梢照我手下猛力一擢。

我抬手舉劍領隔他杆，閉我左耳外，即右搖身一小縱，從他杆下鑽過他身左，伏仆勒割他左臁骨。

詩曰

風波内，
塵埃横。
掃腳底，
六根浄。

劉海戲蟾住 槍

他右栽搖身從我杆下鑽過，遁我身左，勒割我右臁骨。我將左腳提躲過，使梢一剪，將他雙劍剪過我左後。

詩曰

白玉蟾，
足下潛。
劉海戲，
膠漆拈。

風魔掃秦狂　劍

他懸腿落梢將我雙劍剪開，閉我下砍。我隨勢舉劍推割他左膊頂，劍梢向我身右。

詩曰

眞和尚，
假風魔。
掃秦槍，
加切磋。

長虹落彩色　槍

他推割我左膊頂。我退左步，還梢打他兩手梢，回夾左夾指窩。

詩曰

高處起，
低處榨。
落長虹，
難擎架。

走馬挾柳楊　劍

他退左步，還梢劈打我兩手。我上右步進他身內，使右劍摔入他杆外，右膊夾住即左轉身，使左劍砍他左膊項。

詩曰

路旁柳，
使手夾。
尋著根，
把他拔。

泥裏搖樁活　槍

他右膊夾住我杆根，左滾身，使左劍背砍我咽喉。我退右步，隨左步上他背後，豎杆推他左膊，壓他右膊。

詩曰

樁橛木，
入土牢。
活動動，
手抽高。

昆吾切玉良 劍

他上我背後推我左膊，擎我右膊。我隨勢俯身前栽，灑蹬右腳往後猛伸之，掤左劍防他上打，摔砍右劍，砍他右腿。

詩曰

昆吾劍，
利無對。
並州剪，
哀梨碎。

鞭打繡球滾　槍

他灑蹬右腳，使右劍捽砍我右腿。我拔退右步躲開，使根摟過下砍，還梢劈打他頭。

詩曰

彩繡球，
光且圓。
鞭子打，
飛還旋。

高公觀星芒　劍

他退右步，還梢劈打我頭。

我仰身拉左步，舉雙劍仰交十字，頂架他杆。

詩曰

老鵶子，
觀星來。
仰面看，
頭高抬。

海螺入匣匿　槍

他仰身交架我杆。我還根照他襠挑擢，在他背後使。

詩曰

大海螺，
浮水波。
入匣內，
可奈何。

白虎靠山眠　劍　槍

他倒上左步，仰面大曳身，白虎靠山勢將我杆靠回，使我挑不起雙劍背紮。我退身，照他雙劍十字交處頂按。

詩曰

白額虎，
靠山眠。
蓋頂打，
削右邊。

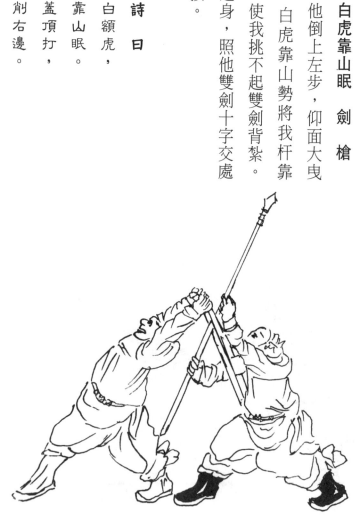

黃鶯刷羽張　劍

他退頂避我仰靠背紮。我俯身前栽雙劍，背後上飄砍他兩膊，交劍十字砍法。

詩曰

黃鶯鳥，
健翮長。
仰而俯，
羽高張。

廉頗負荊請　槍

他栽身背砍我膊。

我進他背後，隨勢落梢橫擔，收手擎刷，順膊按下，勾掛劍靶，使他飄砍不起。

詩曰

藺相如，
度量宏。
廉頗背，
橫負荊。

敬德奪槊強 劍

他進貼我背後，橫刷攀我兩劍靶，使我不得飄起。我使左劍反掛，入他杆外夾住，即右轉身與他對面，使右劍橫推割他咽喉。

詩曰

使槊易，
奪槊難。
嚇元吉，
毛髮寒。

玉柱擎天直　槍

他右轉身，使左膊夾杆，右劍橫割我咽喉。我豎杆頂推，擎他左膊，閉他右劍割我不著。

詩曰

白玉柱，
舩擎天。
朝北斗，
七星懸。

金鉤掛玉琅　劍

他豎杆頂推。我右轉側身拉步右曳身，使左劍插入他左手內，摳勒他左手。

詩曰

百年身，
半屈肱。
取金鉤，
掛玉瓶。

蛇入雀巢臥　槍

他使左劍，拗勒我左手，架托我杆。我退左步丟手，單送右手，頂紮他左夾指窩。

詩曰

白花蛇，
入鳥巢。
毛兒子，
怕他咬。

撥草尋蛇忙 劍

他單送右手梨我左夾窩。我上右步，左大指窩著力夾住他杆，右劍順他杆外摔割他右手。

詩曰

蛇沒足，
行正速。
拿住頭，
跨其腹。

漁翁搖櫓動　槍

他使劍順杆外捽割我右手，我隨勢將右手一抽退躲開，即旋上左步，按攢左手，伏仆抽拉打他腳背。

詩曰

老漁翁，
水面飄。
夾住蛇，
急回梢。

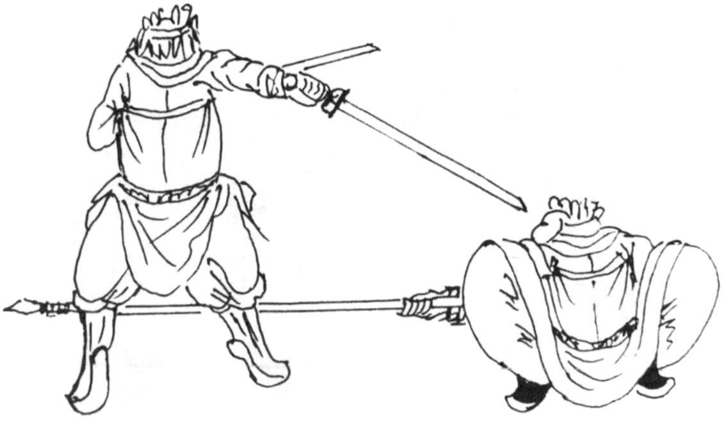

雙峰對峙揚　劍

他拉打我腳背。我進右步，隨左步，貼他右膊外，縮坐蹲居小勢，使雙劍靶向下直豎擋住。

詩曰

玉門關，
古渡頭。
兩峰下，
橫一舟。

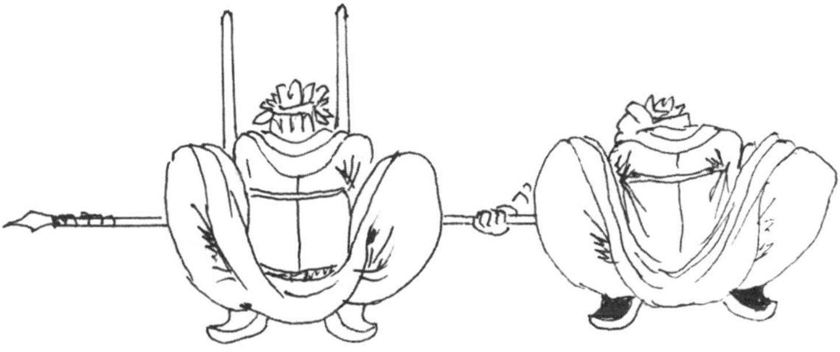

平掃沙漠淨　槍

他蹲足豎劍擋下打。我轉仰手上擺，打他鼻梁骨。

詩曰

沙漠地，
露高崗。
平掃盡，
一摸光。

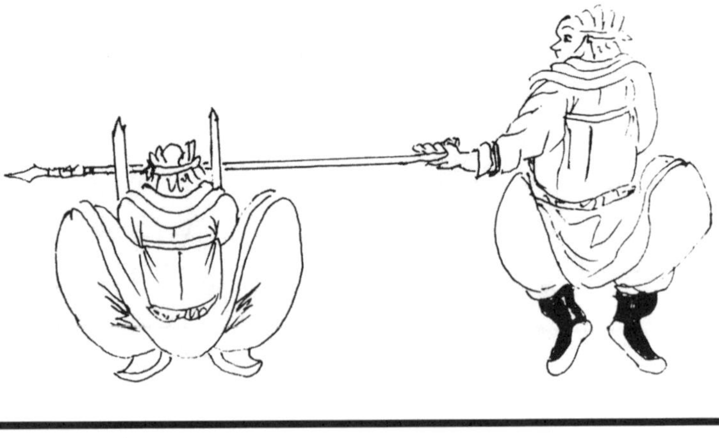

倒捲珠簾堂　劍

他反上擺打我鼻梁骨。我隨勢長身，使雙劍靶一錚過我背後，仰身舉膊而擋之。

詩曰

捲珠簾，
華堂前。
開眼界，
劍高懸。

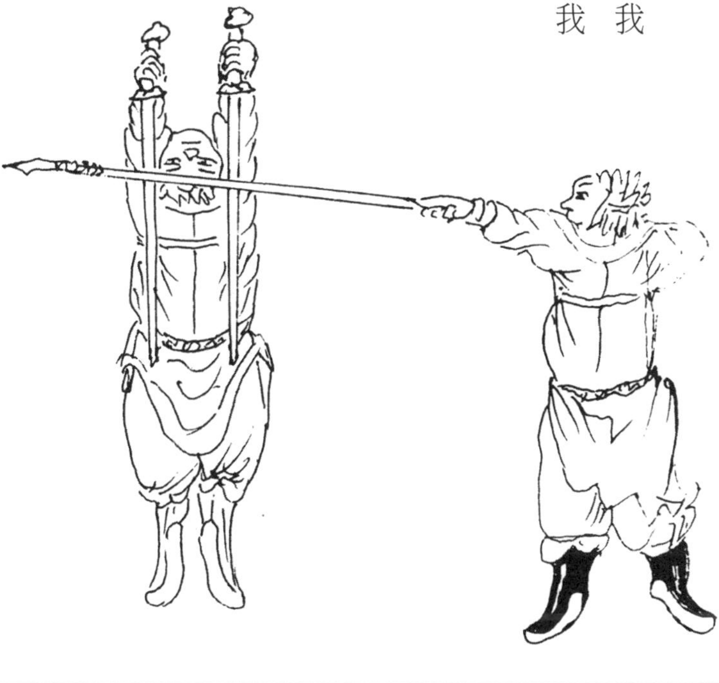

蕩胸生雲氣　槍

他把身仰搠，將過我杆，搠過他背後。我退左步，還根橫打他胸。

詩曰

磊落胸，
生雲峰。
開蕩平，
吐笑容。

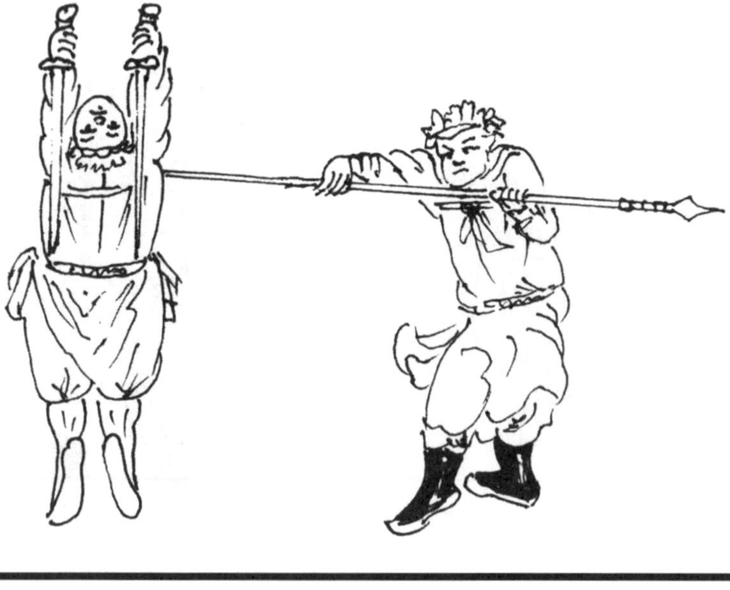

猿猴攀枝當　劍

他還根橫打我胸。我弓背縱肩，吸身凹腹，往後顛步，落膊將他杆夾住，一氣分捽雙劍，右劍砍他左腿。

詩曰

小猿猴，
攀枝柔。
身兒伏，
手兒游。

三娘研磨轉　槍

他伏夾我杆，捽砍我左腿。

我丟左手攢杆，從我上旋轉推過我面前，上右步如推磨之狀，將他雙膊推擎，砍我不著。

詩曰

李三娘，

在磨房。

推杠子，

走一場。

回風無雪霜　劍

他推擎我雙膊，下砍不著。我舉膊轉仰手，擺割他咽喉。

詩曰

部鐵劍，
隨風揚。
比雪霜，
更覺涼。

樵夫擔柴行　槍

他雙劍橫擺割我咽喉。我使梢按攢右手，隨他擺勢一擢，挑隔我左身外。

詩曰

樵夫擔，
一捆柴。
左肩膀，
舡起來。

八、猿猴對棒圖譜

上棒

猿猴養性

此上棒，未動手，聚氣之訣也。天地之道，無秋冬之收藏，則無春夏之生長，靜不極者動不勇，此自然之理也。雙陰手持棒，吸氣滿口，凝聚中宮，蹲居低勢，兩足顛擎，弓背，渾元停成結乾坤，剛之氣蓄，勃然莫遏之形。

猿猴養性

猿猴攀枝

起勢，踏擎右步，顛左足。

拏勒靠前爽他左手，仍落猿猴養兩膊，展開五指接搢他棒，用力攀。他上左步，照面崩打。我隨勢仰伸。

走馬推刀　猿猴攀枝

白蛇吐信

他卸左步，退落低勢，將棒猛抽仆地，以待。我隨抽勢蹌進右步，懸蹻左足，栽身照他鼻梁推抹。

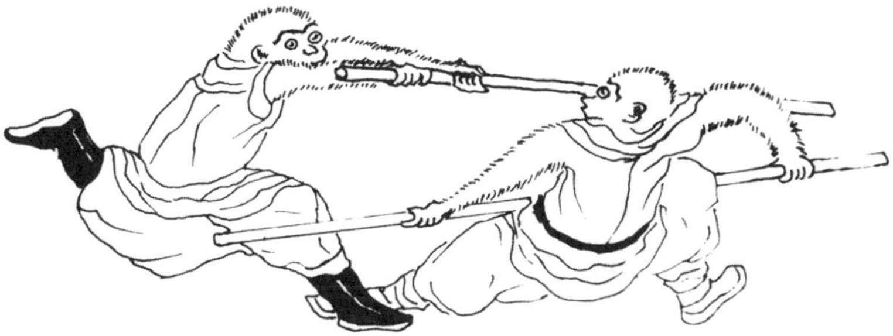

捕地潛龍　白蛇吐信

鼎足三分

他回勢照我手刷打。我退落右步縮低勢，顛擊右足，陰手展捋，將棒斜橫勒靠胸下，躲他劈刷，等他進攻。

走馬推刀　鼎足三分

平掃沙漠

他進步掤搗我左腳。我起身懸左足，往右趫擺，右手往左縮推，左手收靠肋後，擎扭合，照他左手脖推崩。

神針探海　平掃沙漠

井底翻花

他反上擺打我左耳腮。我使右棒頭一領，即一氣使左棒頭撩打他左手，仰身攀擢勢。

漫天不漏雨　井底翻花

井底二翻花

他漫頭過耳，撤左步，抽棒變右仆步。我旋上右步，俯身使右棒頭靠打他左手，謂之井底。

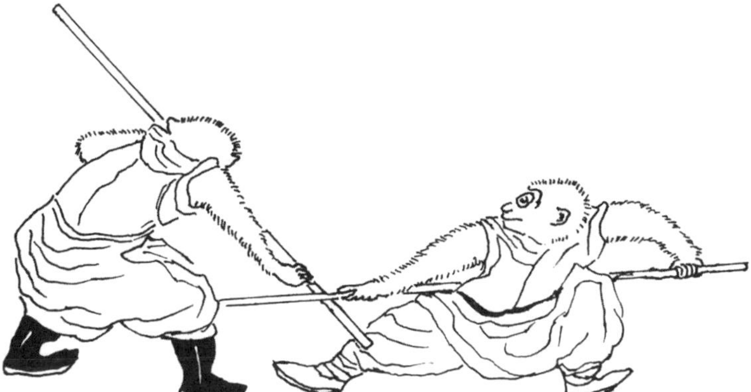

青龍入水　井底翻花

井底外翻花

他順棒擢挑我右手，我隨擢勢一挑，挑過我右身外，懸右腿，仰面昂胸勢。

雨無聲　外翻花

烏雲罩頂

他右轉身，單右手攥棒，背旋掄掃打我左臁骨。我落右步踏過他棒內，懸左腳躲他掃打，遂抽左手，按右手蓋他腦後。

掃盡塵埃　烏零罩頂

單鞭救主

他再右轉身伏仆，左腳同時向後倒擦步，回棒掃打我右臁骨。我落左步剪跳過他棒，懸起右足，躲他掃打，單右手搯棒反摔打他脖項。

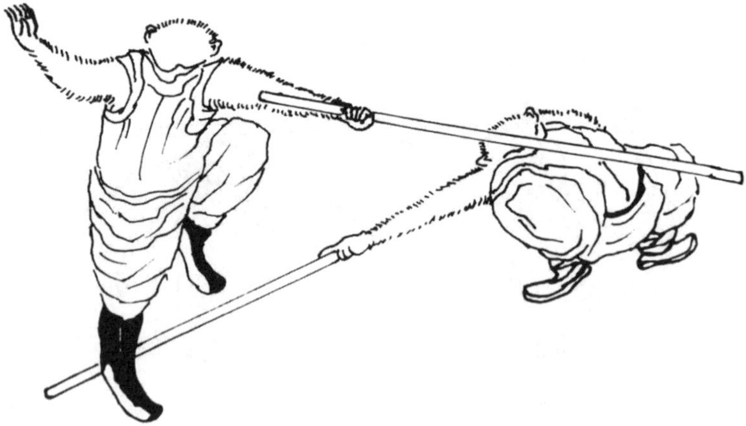

回風午雪　單鞭救主

海底撈月

他隨勢從我單鞭救主棒下搖膀鑽過，從我右身外搖左棒頭，擺打我右手脖項。我伏身低栽，從他棒下鑽過他左身外，落進左步，右腳蹬伸，右手與右膀對照，推打他左內臁骨。

美女鑽洞　海底撈月

二郎擔山

他隨我撈月勢懸起左腿，躲過推打之勢，即使左棒頭壓打我腦後。我起身顛起兩腳，使左棒頭插他襠內，橫擔肩上，攀右手左手，連身將他挑起。

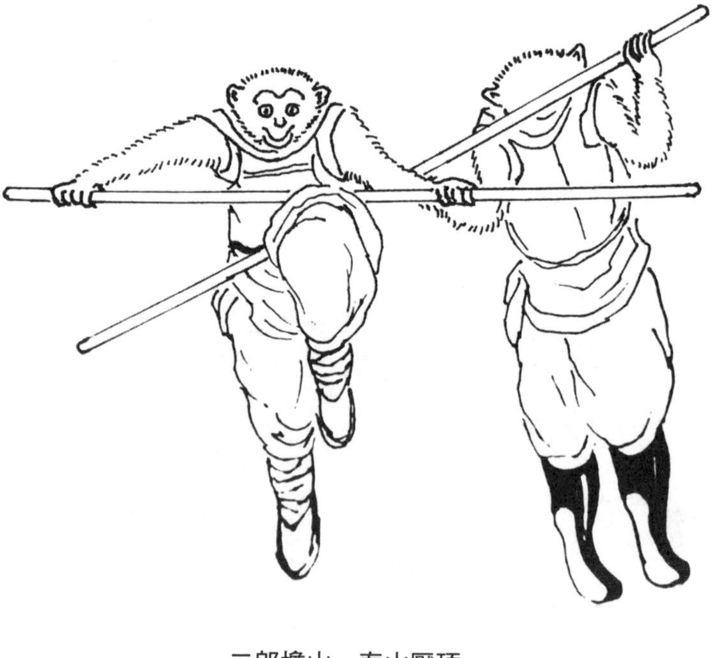

二郎擔山　泰山壓頂

金剛扭鎖

他右轉身，擺脫左腿，使右棒頭搗紮我心窩。我丟右手，右擰身滑開他頂搗，微進左步，進他右身外，單擰左手，照他頭反榨。

金剛扭鎖　火焰鑽心

金剛現篡

他退右步，使左棒頭抽打我左手。我退左步，左手後抽，顛足，照他左手脖按打。

金剛現篡　斧劈華山

丹鳳展翅

他將棒落下擺打我右腳脖。我丟左手懸右腿，躲他下擺打之勢，右手持棒摔打他鼻梁。

丹鳳展翅　拔草尋蛇

斗柄回寅一

他伏仆大倘身，使左棒頭照我下頦直望上頂紮。我落右步，上左步，走過他背後，兩手持棒，使左棒頭平攀勾壓他脖項。

朝天一柱香　回寅一

斗柄回寅二

他使左棒頭圈壓我棒在下。我即上右步，向左轉身，使左棒頭平打他背。

朝禮神明　回寅二

倒插楊柳

他懸趫右腳，仰面鼓腹，使右棒頭打我手脖。我倒換左手，伏仆栽頭，使左棒頭飄上背後，搗他後腦窩，棒靠左肋下，不可回視。

勞秦背劍　倒插楊柳

劉海戲蟾

他回身右轉，平掄背打我左耳腮。我起身撥提右步，進他右身外，提棒立擋閃過他棒頭。

螺蜂旋窩　劉海戲蟾

渭水獨釣擢手

他右轉身，懸左足，使左棒前撩擢我腦袋。我隨擢勢左擰，正身滑開，懸提左腿，使左棒頭挑過我左身外。

拔步量天尺　渭水獨釣

渭水獨釣劈手

他勾轉左棒，向右胳肢窩下推轉右棒，平打我右耳腮。我落進左步，一氣照他右肋轉劈下。

斜飛燕子　獨釣劈手

流星趕月

他隨我劈勢將棒橫放於小腹前。我抽手仍換左手在前，照額顱打去。

橫擔一架樑　流星趕月

巨鼇翻浪一

他兩手橫擎棒往前頂推，擋住我下劈之勢。我仍使左棒頭圈繞過他棒，趁機挑擢他臉面。

雙手推山　巨鰲翻浪

巨鼇翻浪二

他隨我上挑之勢，往下一按，使我上挑不能。我不變勢，二氣合一，仍往上一擢。

推山下按　翻浪二

孤樹盤根一

他隨我挑勢，退右步，右手雲頂落低勢，打腳後跟。我旋上右步，進他身內，使右棒頭一擋。

青雲冉冉　孤樹盤根

孤樹盤根二

他隨勢將棒擱右肩上，進右步，使右棒頭向前頂搗我右肋。我倒退右步，仍使右棒頭打他左腳後跟，躲他頂搗。

達摩渡江　右盤根

脫離苦海　他俯身掤搗我右腳背。我退右步照頂按打。

渡江掤搗　脫離苦海

直上天臺

他回退右步，使左棒頭按打我左手。我隨勢懸上右步，抽右手，按左手，拉按他左手。

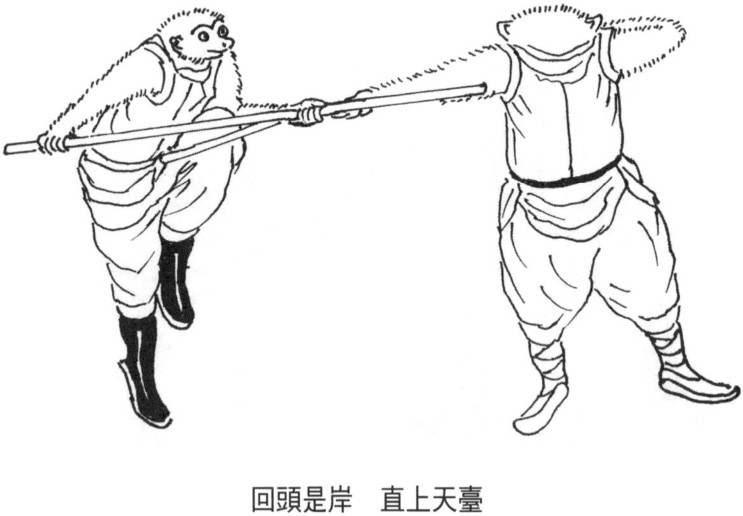

回頭是岸　直上天臺

下棒

懷中抱月

此下棒未動手，聚氣呈勢之訣也。凡武備之用，不外上中下左右橫順之路盡矣。入首落低側勢，此取巧之法也。左手陽，右手陰，抱棒胸前，蹲居低側勢，未落猛吸滿腹，隨吸而落擎以待之，有不得不發之勢。

懷中抱月

走馬推刀

他蹲居低勢，以堵中下去路，唯留上路待進。我上右步，左轉合手伸送，左手照頂劈下。

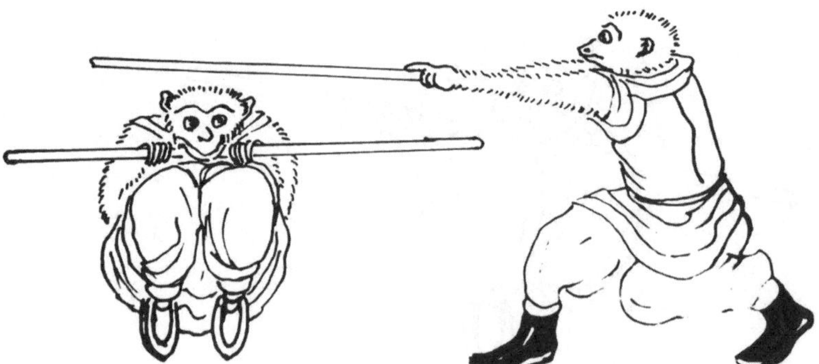

走馬推刀　懷中抱月

推刀二

他隨我劈勢，接搯我棒，連手連棒一齊夾緊，我退右步猛力一拉，使之脫手。

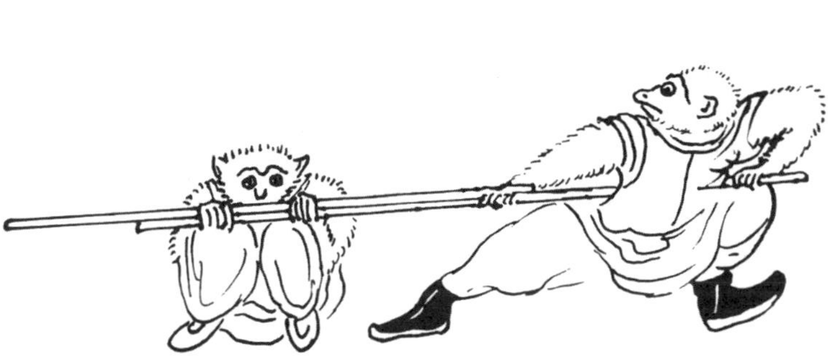

推刀二　猿猴攀拔

推刀三

他隨我拉勢不丟，隨勢踐進。我回身猛力送棨。

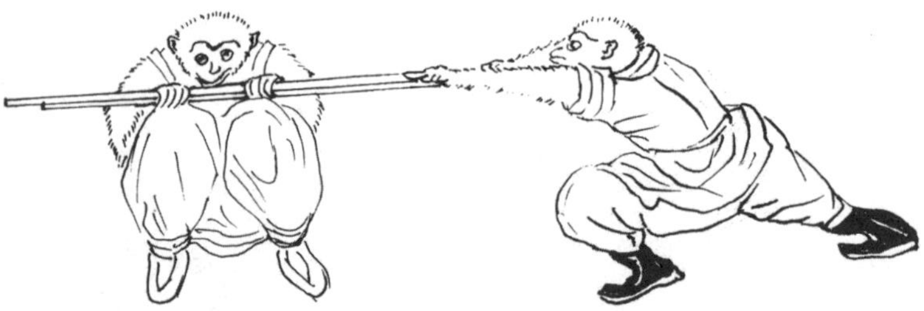

推刀三　攀拔三

連推刀四

隨我送勢他仍不丟手，退踐回去。我乘退勢，左擰合手揝住他棒一按，右手將我棒往上一舉，把他左手撐開，使他揝握不住。

推刀四　攀拔四

神針探海一

他隨撐勢接搯左棒頭，退左步伸推右棒頭，推打我右手。我右轉身，倒退右步，搠他右腳背。

神針探海　平掃沙漠

探海二

他撥回右步，使左棒頭橫打我右手。我左轉身倒退左步，背搠他左脚。

探海勢二　平掃沙漠二

漫天不漏雨

他懸左腳，使右棒頭平打我左手。我反上勒打他左耳腮，步虛點地，使用側身勢。

漫天不漏雨　起腳摸掃

不漏雨無聲

我使右棒頭領隔擺打他耳腮。他用棒頭撩擢我左手。我隨擢勢漫頭過耳，向右曳身伏仆低勢，勒打他左臁骨。

不漏雨無聲　回棒橫掃

無聲二

我伏仆低勢勒打他左臁骨。他旋上靠打我左腳。我隨其勢撩擢他左手。

無聲二　井底翻花

掃盡塵埃

他隨擢勢一挑隔。

我棒在外，我右旋一圈，落低勢，右單手捽打他左臁骨。

掃盡塵埃　樵夫背柴

回風舞雪

上勢不停，他落右步懸左步，使右棒頭按打我頂。我伏身倒擦步，接攀左手回掃他右臁骨。

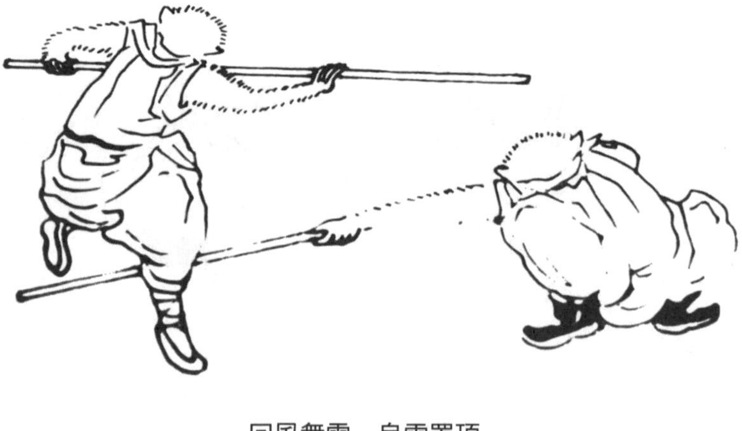

回風舞雪　烏雲罩頂

美女鑽洞

他懸右腳落左步，反榨我腦後。我伏仆進左步，從他棒內過他右身外，使左棒頭擺打脖項。

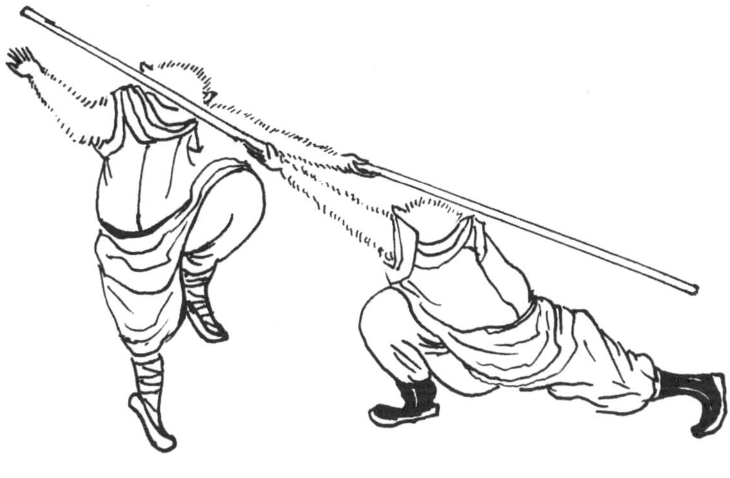

美女鑽洞　單鞭救主

火焰鑽心

他使左棒頭插我襠內橫擔猛挑，欲將我挑翻筋斗。我使右旋身躲開，左腿懸提起，使右棒頭搗他心窩。

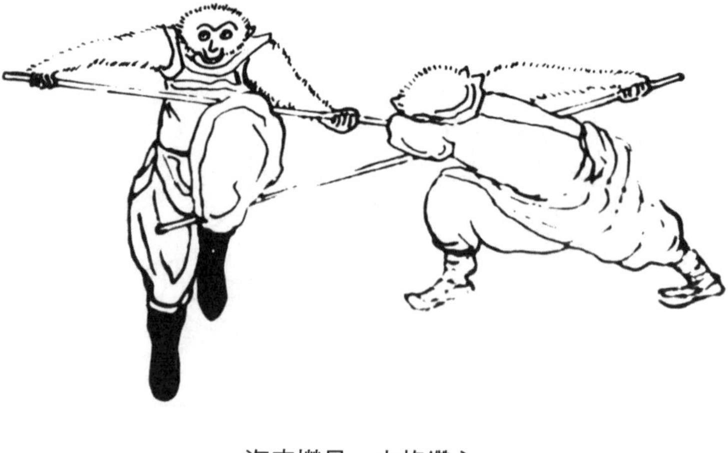

海底撈月　火焰鑽心

側蝶戲梅

他隨撩擢，起將我擢隔棒外。我回左手，靠右腋下，旋推右手側栽身，懸腿，使左棒頭平打他右脖項。

側蝶戲梅　回身一棒

斧劈華山

他單手捽打我頭。

我退右步，使左棒頭從上而下，劈打他左手脖處，力貫兩臂，使一個按字。

回首單鞭　斧劈華山

撥草尋蛇

我劈打他手脖。他退左步轉身抽棒閃躲。我乘勢落下，剪打他右腿臁骨處。

二郎劈山　撥草尋蛇

朝天一炷香

他懸右腿，單右手照我鼻梁捽打。我伏仆大倘身，使左棒頭穿打他下頦。

丹鳳展翅　朝天一柱香

回禮神明

他進步平攀壓我脖項。我俯身跪右膝躲滑過，使右棒頭從我身左攬圈，壓他左棒頭於面前。

回禮神明　張飛搖櫓

蘇秦背劍

他上右步，使右棒頭平打我後心。我懸上右步，仰身昂腦，使右棒頭從左肩外背打他右手脖。

蘇秦背劍　回馬一槍

蜾蜂旋窩

他栽身飄搗我腦咽窩。我右旋身背，捽掄手打他左耳腮，左腿前下落步，身俯探勢。

蜾蜂旋窩　倒插楊柳

撥步量天尺

他起身右提進右步，靠擠捽打閃過我右棒頭。我右捽身懸提左腿，使左棒頭照襠撩起。

撥步量天尺　孤樹盤根

側蝶戲梅

他隨勢起身將我棒擢隔在外。我撤回換步，左手靠右夾脅下側栽身懸右腿，使棒頭旋畫打他右脖項處。

側蝶戲梅　太公釣魚

橫擔一架樑

他照我右膊根劈下。我進右步長身併足，使右棒頭隨勢壓下，橫對靠臍下。

橫擔一架樑　獨釣劈下

雙手推山

他換手，使流星趕月劈打我頭。我伏身橫棒直雙膊頂推，擠他手脖，上左步，右腳趾抓地。

雙手推山　流星趕月

推山按手

他還棒從下挑擢。

我起身按住他棒，雙腳尖點地，使氣擎聚，不可鬆散，力使一個沉字。

推山按手　漁翁挑杆

青雲冉冉

他隨壓勢又猛力一擢。我隨猛擢勢丟左手，雲旋卸左步落低勢，單右手捽打他腳後臁骨。

青雲冉冉　擢挑勢二

達摩渡江

他旋上右步，使右棒頭提靠我棒。我進右步，將棒擱右肩上，即使右棒頭頂搗他左肋。

達摩渡江　孤樹盤根

渡江搠手

我用棒搗他左肋。

他回棒勾打我右臁骨。

我收右步豎棒搠他右腳背。

渡江搠搗　盤根勾手

回頭是岸

他退右步按打我頭。我卸右步按打他左手，若海茫茫無邊，豁然醒悟，回頭是岸。

回頭是岸　脫離苦海

九、三十六槍圖譜

三十六槍敘

古有勒馬槍，槍之傳也久矣。明季，虎牢關張氏著，善槍。邑志所載，稍稍可考習。聞得自關帝廟中，蓋所謂神物也，五世而至禹門。

余幼慕之，冀學一二即可滿志。及長而訪問，罕見其蹤。弱冠後遇一演二十一名槍，名不稱實，鄙懷未愜，於是淨心揣摩，就原勢而更進一層。

易寬為仄，易斜為正，易遠為近，覺汩然稍有趣味焉。乃細關解數，尚多缺略，詳按脈絡，不大貫通，與守一王子彼此較，共成六六，繪以圖樣，加以注疏，身法、手法、步法、指法，無不全備，從此擴充，思之靡盡，執此終身亦堪立名，豈塵埃間所有者哉。

此槍不下諸解情

陰符三百字，道德五千言。伏羲畫八卦，聖人只一貫。

我有下下勢，夜半待心猿。這槍件件精，到處盡知名。

強解人不解，不學自然成。

他探海，我仍使潛龍勢攔住，以為白雲蓋頂之計，一旦豁然自己明。

天地本混沌，混沌實混沌。混沌開混沌，混沌不混沌。混沌任混沌，混沌終混沌。體用無不具，表裏無不通。尋著楊七郎，一一問張公。他一攔，我仍使槍當面起去，循環一氣，並無端倪，豈不可豁然自明乎？

然所謂不下注解者，蓋指下句詩而言耳。槍法之妙多端，如水之流不息，如山之巔峙立，如鳥之飛翱翔，如星之光不足，如火之焚迅疾，

加以含蓄，而吞吐無餘蘊矣。此詩不過述其形狀，描其精神，以意逆志，斯為得之。執之不可，解之不可，語中討其精華，言外想其光景可也。其點滿三十六足二八之數，元足氣貫，內寓鉛汞一斤之數。

此三十六槍真面也。但本身之槍法，須要順文相對，乘勢而下。內藏之槍法，皆插衝頂手攔路，須要夾縫周密。以下之槍法，須一氣到底後又續之槍法。原未載於本圖之上，特恐後人難猝領會，今乃移於本圖之上，以便領會。蓋緣末又續之法，本先人孰思明辨，揣摩積成，循環無端，以上轉下，生生不已也。

同治十三年十月初三日　子超　萇連登　記

第一勢　鋪地潛龍（潛者伏而不動也）

潛龍陽在下，未出東海爐。盤踞待陽春，雷出地中如。

側身小四平勢

將交槍把於擎托膝上，頭直胸昂，目微斜視。八字站步，前手仰，後手合，拿小四平勢（氣擎周身，靜以致動）。

第一再解

潛龍勿用莫先爭，兩手托槍膝上擎。表正形端分八字，可高可下可中平。

第一勢　鋪地潛龍

起手、撩手、轉手、打手、右紮腳、膝返高，使起手掄紮面，隨中使中。

又銘曰

初潛龍，居正中。一太極，萬象空。隱末見，德敢崇。

是一個抽盡

如履平地，如靜握固，如月微斜，如人泥塑。

體會潛字

探珠（上紮咽喉擺膀使）；鑽心（中紮心後手仰）；指襠（挑化便陰手使）；噬臍（對紮臍）；刮目（點紮鬼眼穴側手使）；攝足（按紮腳大趾刷手陰手使）。

總名曰：陽氣潛藏

明月藏海底，貞下起元功。老子猶龍妙，退一步法中。無影又無蹤，無臭又去聲。藏而不肯露，行而未之成。英漫愁無用，變化誰不驚。

中平托杆並足而立。他現纂勢起去紮膝，我將後步一卸，平抽杆子攔住。我中平托杆照他懷中一紮，他開滾紮我襠，我可使潛龍勢方妙。我中平托槍照他前手一斬，他現纂，我托中平宜將杆子捻轉，後手仰分心刺去，不拘內外皆可。

第二勢　白雲蓋頂（蓋者覆而不露也）

嶺下多白雲，佈滿在陽春。刷刷疾風聲，長空降甘霖。

半側身前探勢

他當面槍劈打我手，我將手轉成陰手，左右腳尖微斜向前，腳跟微擰，向後弓身挪步，頭往裏穿杆，照鼻梁點他頭上，氣射頂門。

第二再解

白雲出岫向遙空，陽轉陰移點化工。卓立群峰千仞上，山山盡在籠罩中。望面紮落來，先打後手，返者左右棒打手。

又銘曰

白雲起，直向空。蓋頂上，一陣風。任翔鶴，亦可籠。

是一個出盡

封中忽起，無心出岫。置身題上，萬物在宥。

體會蓋字

露茅（紮口）；蕩胸（紮心）；入洞（紮臍）；埋壑（紮襠）；出岫（紮膝）；抱石（紮腳俱用陰手）。

第二勢　白雲蓋頂

總名曰：含蓋萬有

峻起山根下，幽石抱幾層。一陣西風起，封中直上升。一陽初在下，冉冉向遙空。牢籠百態外，含蓋一切中。片雲頭上黑，耳後欲生風。

他當面劈打，退避不及，我即迎槍進步，藏頭直蓋其頂。

第三勢　關公取耳（取者襲而不知也）

關公出陣前，大刀至今傳。前胯後合手，顏良喪黃泉。

正身右捌勢

他摘草將我杆順手一刷，閃出脊背。我上右步點足，左腳放正向前。左手仰托，右手高舉，大隨手平取其耳（氣入百會穴）。

第三再解

勒馬停刀劈黃巾，倒豎蠶眉倍有神。冷豔飛來風入耳，獨行千里更無人。

抽槍紮咽喉，掛者隨勢紮脅窩，返者絞手扎手。

又銘曰

顏良頭，插標賣。關公取，大刀快。冷豔鋸，劍草芥。

是一個搗盡

關聖帝君，武藝超群。薄言採春，子仲無聞。

體會取字

內取（降杆高紮耳）；外取（落杆斜紮耳腮，前手高，後手低）；掛

第三勢　關公取耳

取（上左步，掛打手，後手高，前手低）；摟取（上右步提杆綮襠）；搗取（還右步掛杆搠腳）。

總名曰：軟倫超群

赤兔胭脂馬，青銅偃月刀。顏良頭去取，嚇殺奸曹操。河北兵雖勇，賣標插上頭。未解白馬圍，先將黃巾收。不有關聖帝，曹瞞終日愁。

他一摘，我即翻後手、仰前手，搗綮其耳門，出盡杆子。兩手相見，方是元竅。

出席荊州城，後面有追兵。

抽下雙股劍，回手使青龍。

第四勢　餓虎捕食（捕者出而不放也）

猛虎出亦泉，威風不可言。前踐足離地，一撲命難全。

正身束勢往前擰翻勢

他使來閉。我左小指往外，捲右小指，右胯一擰，左膝懸提，腳跟一蹬，右足占地，腳尖正向，左閉勒他杆，即順杆落勢平打他手，氣會枕骨而微側。

第四再解

飄飄耳後已生風，捲爪藏牙不露蹤。餓虎添翼求食急，震驚咆哮滿林空。

返高使摯棒打落摟搶勢，使返左掛開打頭，返右按槍紮胸。

第四勢　餓虎捕食

又銘曰

餓虎瘦，捕食急。藏其頭，搖其尾。剪大二，百獸避。

是一個刷盡

嘯在風生，哮則雷鳴。餓虎求食，捕刻會聲。

體會捕字

左捕（外打手）；右捕（內打手）；前捕（陰打手）；後捕（陽打手）；上捕（外高掛打手）；下捕（外低打手）。

總名曰：猛虎出林

猛虎小在真，餓虎下山尋。張牙舞爪去，一捕活吞人。

雖滿右耳下，卻左肩理，理時斜樹幟，捕時虎添翼，前打有丈二，後退倒托戟。

他使劍打手割頂，我懸左腿，捲左小指往外一開，將他杆一理，順杆打手及是一氣到他下。

第五勢　劉海戲蟾（戲者戀而不取也）

足下生金蟾，一出勒上前。擊得蟾不去，妙用對誰言。

側身後勾勢

他使翻身絮我手。我將手抽勒一合，微退小步，左腳尖順向前，右腳微橫，將他杆擎壓，右手指槍桿稍斜對他虎口，是擎盡非真很按也（氣栽左額角斜下）。

第五勢　劉海戲蟾

第五再解

金蟬出水吐雲煙，一道長虹著線牽。遊戲通神三妹巧，戲來劉孩制金錢。

前丟手，後牽手，高紮面，低扎手，仰紮胸。

又銘曰

蟬三足，毒氣比。金錢灑，劉海戲。覓長繩，打不離。

是一個牽盡

劉家一子，戲弄海上。任你脫殼，只是不放。

體會戲字

左戲（往外一抽）；右戲（往內一抽）；上戲（往下一抽）；下戲（往上一抽）；平戲（往後一抽）；繞戲（再一捲攔）。

總名曰：遊戲入神

劉氏一孩子，云知小幼童。金風蟬先覺，戲住不落空。扳下鉤合線，著意在於蟬。飛來吞玉背，鉤去戲雪錢。為膠更明漆，彼此自流連。

他例翅閃桀我前手。我將他杆往後一勾戲住，使他不得回去。

第六勢　玉女穿梭（穿者直而不曲也）

玉女渡銀河，來往似穿梭，七夕稱佳期，會得牽牛麼。

第六勢　玉女穿梭

側身左進勢

我留住他杆，即順勢擎盡直紮他虎口，左腳微進，尖順向前，右步、左手擎住，右手送紮（食指領氣）。

第六再解

此中機杼有誰知，稱物平施在於系。玉女穿梭來往走，日成五疋還嫌遲。

仰手拿槍紮於虎口

又銘曰

製美綿，拋玉梭。牛郎渡，織女遇，浮綿針，奇巧多。

是一個直盡

黃鶯跳躍，仙府織造。日月交會，催得人老。

體會穿字

穿腸（一勒紥腰）；穿胸（紥心）；穿梭（紥口）；穿指（外扎手）；穿袖（紥胯）；穿膀（紥肩指窩）。

總名曰：珠穿九曲

杼柚在懷中，神梭欲生風。天孫來織綿，虎口一點紅。自其西陵教，家家重女紅。伸手疑弄玉，穿棱欲化龍。我一戲，他東抽杆，我即順手紥其虎口，不可朓不可粘，朓劉離卻離粘劉（點校：此二句原文如此，何意待考），侵頭惟平直方妙。

第七勢　猿猴開鎖（開者啓而不閉也）

天地混沌，始無人開，其題猿猴善能開封鎖而啟之。

俯身扭勢

他使擺頭拿我杆，我即上右步扭右胯尖，左腳尖占拐向左，右腳尖踏扭向左，左手往杆下一推，割取他食指（氣落左額角）。

第七再解

雙腳銀鑰鎖猿猴，火焰鑽心豈肯休。行者老孫神變化，雄關開放復何愁。

起前手，仰後手，迫車輪，手旋使。

又銘曰

拴驛馬，煉鐵鎖。心猿開，混沌破。入水簾，洞一座。

是一個割盡

混沌鑿破，若虞機轉。尋著五帝，露出三皇。

第七勢　猿猴開鎖

體會開字

乘開（豎一十下搗腳）；抵隙（還根下劈打手）；敲梆（還根上打口）；搖鈴（推根打左耳）；斬關（使根掛杆往身右一開）；奪隘（還梢上左步斜打手）。

總名曰：鑿破混沌

四壁不透風，鎖住凌霄宮。猿猴腰帶掄，一開天門通。天險號二百，青龍第二宮。四壁風不透，三簧鎖難扳。猿猴開得妙，玉女著錦牽。

他擺頭，我即上右步，使胯刺棨於手。

第八勢　雙雙開鎖（雙者進而不已也）

既開天上關，又開地下泉。機動收不住，打破漢陽天。

半側身下按勢

他使展背棨腿，我即擰右胯顛左腳，右腳平踏，尖擰向右，左腳點顛尖向下直紮其足（氣點食指尖）。

第八再解

金鎖洞開十二樓，俯看山下逐波流。重門掌開誰留住，銀鑰雙點夜不收。

依靠胯轉左步，按前手，高點心。

又銘曰

猴子去，猴子來。雙管下，重門開。稱妙手，真奇才。

第八勢　雙雙開鎖

是一個按盡

桃園謹鎖，花兒童開。兄弟三個，雙雙進來。

體會雙字

復送（一摟外紮腳）；夾路（一剪外紮腳）；重門（返內再紮腳）；疊屋（撩手再一榨手劈打杆）；雙管（上右步，上推手，杆梢向下）；齊下（上左步推手）。

總名曰：力開生面

天上開三門，地下列四戶。一層進一層，一步緊一步。金鎖重重閉，此關誰再開。門闢戶復合，猿猴去又來。鑰匙頻二點，可稱二聖才。

他展背紮我腿，我即上左步，按紮其腳。

第九勢　雷出地奮（出者去不留也）

伏下地中雷，一烘出青煙，山震天魂碎，奮起似湧泉。

半側身上撩勢

他摟槍紮我腳，我即點起左腿勾左腳尖，前手小指往上一豁，後手往下一壓，順杆撩其前手，挑紮其便（氣領左食指頭）。

第九再解

百里震驚動他來，一聲霹靂九天開。
繞下掩耳終會上，飛起黃金石腳擺。
撩手、打手、鼓腹、上挑襠。

第九勢　雷出地奮

又銘曰

黃金棍，雷震子，飛起來，岐山辟，騰甲軍，喪天內。

是一個□（點校：原稿此處缺一字）**盡**

鳴雷伏地，出來正疾。奮乎百世，聞者俱起。

體會出字

震雷（往上挑襠使之震動）；沉雷（按手打腳面）；頓雷（半按半挑為雷之有頓挫者）；走雷（返外陰手滾紮腳為雷之走者然）；霆雷（往面一掄仍使仰手紮腳在內使）；疾雷（猛往上一挑手）；打雷（往上一劈打手連上共是一勢）。

總名曰：平地一聲雷

火燒葫蘆峪，司馬會地藏。雷震盤谷內，藤甲喪黃粱。潛龍伏地下，抬頭勢沖天。欲揚而先仰，來起而先穿。迅雷即震出，烈火冒飛煙。

他一拔，我即順杆往上一撩。

第十勢　渭水鉤鰲（鉤者提而不著也）

執我狼牙棒，一起似青煙。落下太華峰，有命恐難全。

側身上挑勢

他縮手回去，我即將前手食指往上一領，至掌心往上一推，乘空而起，斜抱於左肩窩內，刷打他肩膊（氣落枕骨）。

第十勢　渭水鉤鰲

第十再解

謂濱流水激清湍，獨佔鰲頭釣石磻。誰願上鉤誰用命，興周八百一綸竿。

挑杆推根打胸，落梢打頭，再擂手。

又銘曰

姜太公，執釣竿。魚兒上，渭水寒。繫伊緡，功業完。

伊得其釣，渭水一篙。斜挑春色，獨步金鰲。

是一個捶盡

體會鉤字

探水（下紮足）；拂草（再摟杆下紮足）；執杆（撩手）；下釣（劈手）；提浮（進步挑杆）；捕魚（執手棒打手）。

總名曰：鰲頭獨步

擔柴是武吉，背劍是蘇秦。挑起鉤合線，打中後邊人。涓涓渭濱水，巨鰲自潛藏。姜公垂金綿，河鯉出滄浪。千頃波濤起，提杆日月長。

他捧盤槊腳，我杆頭一擢，使纂一推，將他杆推回，使梢下來一打。

第十一勢　秦王大披甲（披者剛而不餒也）

英武屬秦王，臨陣意氣昂。披起黃金甲，敵人誰敢當。

側身下打勢

他來接槊，我顛送後手按前手。左腳尖一點，望面打兩肩膊（氣落左額角上）。

第十一再解

身披重甲是秦王，左右陳行氣倍揚。堅甲利兵皆可打，世充建清入黃粱。

轉手根梢棍望面打，背轉落下打手。

又銘曰

小秦王，大披甲。秦變兵，皆可打。使制橽，只一下。

是一個砍盡

身披金甲，日月光華。秦王上高，打成一家。

體會披字

披左（拿打）；披右（仰打手）；披腳（落下打）；披襠（挑打便）；披頭（上打面）；披胸

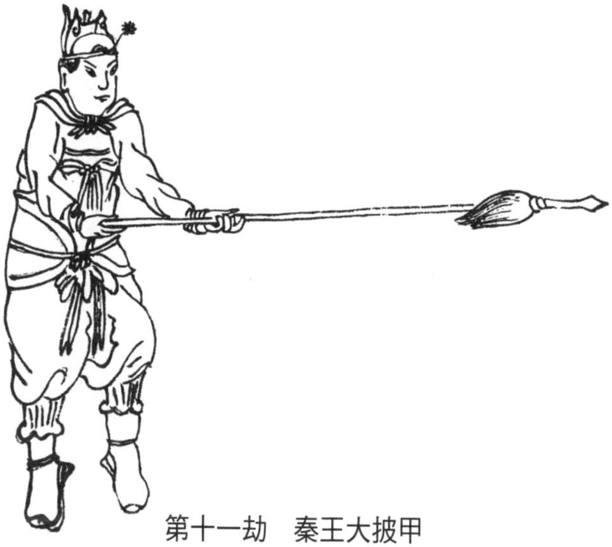

第十一劫　秦王大披甲

（挑杆打下頷）。

總名曰：披望堅執鋭

秦楚有堅甲，披上會大差。跣足持白梃，左右怕三打。英武說秦王，組練迴會雙；合手打左肩，仰擊右肩旁；堅甲兵何用，會見曳兵亡。

往下打頭。

第十二勢　一木能支（支者隆而不撓也）

天作棟樑材，獨出深山中；能支大廈顛，妙柱在一擎。

身微橫平擎勢

他一勒按下我杆，我即把後手往心口上一仰，前手背隱隱往上挑擎，粘合不離，好收起手（氣擎手背）。

第十二再解

玉柱擎天天自在，金梁架海海無憂。乾坤旋轉經綸手，大廈將傾一木求。

擎杆、閃杆，往下打，腳低榨，手仰紮大腿根。

又銘曰

泰山壓，累卵破。大廈傾，一木托。千斤重，穩無墮。

是一個承盡

懸門力托，換柱抽樑。轉禍為福，能勝者強。

體會支字

千霄（紮頭）；蔽日（紮目）；塞海（紮口）；架樑（仰手

第十二勢　一木能支

擎紮胸在前使）；豎柱（沖天勢紮鼻）；支木（平杆下紮腳）。

總名曰：橫擔一樑

方寸原渺小，一木怎能擎。夜來窗前月，隱映老杆橫。一木雖微小，老杆獨橫空。壓來千斤重，擎去半分轉。棟隆知不曉，露盤承金莖。

他一勒，我杆擎住一承，不令其脫。

第十三勢　懷中抱月（抱者收而不啓放也）

青連醉（參）禪間，夢到海邊玩。雙手托明月，乘鯉入深淵。

槍側身左捲勢

他使急三槍紮我面，我即屈前手豎肘尖，收杆貼左肩窩，落左腳，直刺其咽喉。右步微橫，左步微順（氣催左肘肩上）。

第十三再解

獨步文星占鰲頭，抱來明月漢宮秋。長空一掃浮雲淨，望盡江南十二樓。

連掄帶棍措手不及，靜紮咽喉，動紮胸脯。

又銘曰

廣寒宮，抱上來。收得住，常在懷。莫空對，飛玉杯。

是一個收盡

桂林可折，一枝稱懷。廣寒宮內，連月抱來。

體會抱字

趕月（放手紮心）；帶月（勒杆舉起高紮頭）；望月（偷

第十三勢　懷中抱月

右步跑杆斜紮面）；圈月（圈掄掛紮面）；奔月（上右步勒杆斜紮咽喉）；拜月（拱手鳳點頭紮腳）。

總名曰：月滿長空

急雨過頭上，浮雲掃天空。滿月飛明鏡，盡在懷抱中。電光閃碧天，一往實會前。入懷須抱月，起手要藏肩。頷下明珠在，望君著意穿。

他紮面，我起手將他杆收住，須要勒領，不可閃出左耳來。

第十四勢　事事如意（如者順而不拂也）

老君金擊子，世稱為如意。懷寶不輕放，恐傳凡人體。

橫身左帶勢

他使點頭紮我肩窩，我即將杆斜布左肩窩。後腳橫，前腳順，顛刷打他手（食指中節挑氣）。

第十四再解

紅杏出牆似酒家，太平挑起一杆斜。老君抱定金如意，如意鉤來事事嘉。

布手、掛杆、刷手、推乳掛，則返內點頭打。

又銘曰

如意鉤，稱至寶。李老君，懷抱好。冗雜事，一概掃。

第十四勢　事事如意

是一個帶盡

事事通利，終叫如意。收其至寶，脫然會累。

體會如字

上挑（推杆打手在外使）；下按（連梢打頭）；左支（左小指一開打頭）；右屈（右肩一入推杆刷手）；前進（左絞手豎左耳刷手）；後退（左絞手豎杆退刷手）。

總名曰：萬事亨通

誰家能如意，凡事怎如意。如意只一鉤，鉤去一氣迄。頭上風已過，懷中月送來。大蟒穿林麓，祥光接天臺。如意鉤如意，寶貴任取材。

他紮肩窩，我往外一布。

第十五勢　打草驚蛇（驚者走而不顧也）

左槍妙難言，打蛇在草尖。
下去留不住，毒物命棄損。

半橫弓身平刴勢

他右掄紮我左腿，我即順勢捽打其杆上，後腳橫，前腳退半步，顛擎前手心按氣（以外打為順）。

第十五再解

草內飛蛇草上行，劉王按劍疾生風。中間首尾雖相應，打到常山吃一驚。

第十五勢　打草驚蛇

上左腿掄紮對手，紮他身外。我劈心一掄，托槍伏身紮膝，是身外右槍解。

又銘曰

蛇無足，草上飛。驚此打，毒蟲稀。七寸信，一指揮。

是一個剁盡

長者鞭打，馬腹不加。高祖按劍，東西白蛇。

體會驚字

外打（順杆刷手），內打（仰手棒打或陰手按打）；掛打（撩梢掛打，杆梢自上而下在外使）；膘打（上右步，右手仰，左手陰，交手榨打，手在外使）；綻打（退右步，仰手斜打在內使）；縱打（蹲起一退，使拔步量天尺勢，打杆在外使）。

總名曰：莫打死蛇

莫效豬八戒，偏要打死蛇。輕輕敲伏草，當教直棍斜。

他坐槍破頭劈打下，我杆反上往下一按，按到地下，即仰手滾裏紮腳。右之右既有，左之左亦宜，起手足雖跛，脫身肩自隨，莫說花開燕，剪勢還奇。

他紮胯，我即蹲身小四平，剁其杆，兩相黏擊，方得其妙。若打在他下便不粘了，打在手上他便滾了。

第十六勢 靠山潛龍（靠者依而不離也）

蒼龍出海淵，盤屈靠碧山。山腳為何碎，只因欲飛天。

側身上提勢

他腳底鼓紮我，我即抽轉杆梢一閉，前腳尖往前一入，後手提高紮其足（氣悶左脅下）。

第十六再解

武侯六出祁山邊，依水靠山地利先。一自南陽高臥起，潛教五虎下四川。

又名曰

龍出水，潛靠山。頭一點，鱗難攀。飛上天，咫尺間。

是一個提盡

臥龍一躍，出祁山邊。籌北有驛，風雲獲焉。

體會靠字

裏靠（按杆靠紮腳在內使）；

第十六勢　靠山潛龍

外靠（剪手打杆在外使）；上靠（提杆貼左肩靠住，攔他打手）；下靠（低右手現篡往左一掃，攔他紮右腳在外使）；滾靠（左轉動豎杆，貼攔他中紮右邊腰胯）；壓靠（兩手按杆上右步，將他杆壓住，動則使梢推咽喉，使根挑打他手指）。

總名曰：龍思靠

潛龍所不見，靠山山內藏。渴飲泉下水，虹影落高崗。鼓角正喧天，忙步而直前。提杆遮雲漢，伸手探水泉。南陽臥龍子，六出在祁山。

他紮腳，我進左步，提杆靠紮其腳，在架中只能對其腳，急切不得不紮也。

第十七勢　劈頭棒破（破者解而不收也）

飛來金彈子，落在雲山峰。雖然會痕跡，發發似疾風。

半側身長勢

他使棒打我頭，我將後足往前略上，右步橫，左步微橫，身子長起，後手掩前手，使杆劈打他頭（氣點食指）。

第十七勢再解

馬龍擺尾劈天門，幾度雲留欲出屯；棒喝當頭清蘿破，何須掌血與條痕。

夜裏偷桃破。

又銘曰

水繞背，棒喝頭。打破了，腦

第十七勢　劈頭棒破

漿流。天靈蓋，炎如油。

打頭開頂，石破天驚。誰家棒子，這樣靈醒。

是一個覆盡

體會破字

破頭（蓋頭劈打帶長身子）；破口（轉仰手架杆紮口長身勢）；破胸（轉陰手落下按紮胸脯）；破腹（降杆仰手左栽身紮腹探身勢）；破足（轉陰手點紮足趾）；破腦（轉上打手往後掄上使摘瓜勢打枕骨）。

總名曰：打破疑團

你會我也會，你能我也紮。欲出人頭地，更自上一層。紮腳我紮腳，打須我打頭。棄銀雷地奮，已見銀漿流。更有東方朔，夜裏把桃偷。

他打頭，我亦使棒劈打其頭，須要後發先到為妙。

第十八勢　針探滄海（探者定而不移也）

天河定底針，藏在海中心。忽遇花果佛，連展實通神。

側身左栽勢

他伏地槍紮我腿，我兩腳尖橫顛驚起，遂將前手轉為陽手，使背往下一犁，後手從頭上往下一送擦閉其杆，以備當面劈打之用（氣勒擎手皆上）。

第十八再解

大禹流傳有一針，光芒萬丈氣森森。一旦連通花榮子，定底天河

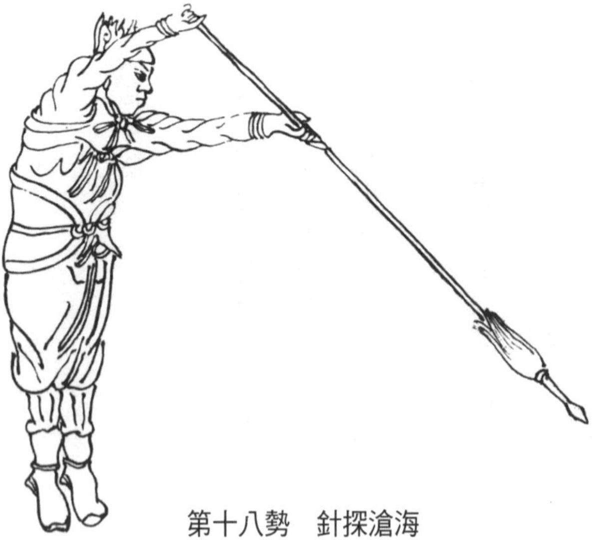

第十八勢　針探滄海

永不沉。

搗膝、點腳、返高、降下，打仰手，定腳陰手打頭。

又銘曰

滄海裏，水滔滔。深針探，定廟牢。波濤湧，棒不搖。

是一個住盡

中流砥柱，在海之濱。金針普渡，留於後人。

體會探字

穿針（蹲身穿紮襠）；認針（轉上紮口）；按針（返劈打他頭）；定針（仰面打紮腳面）；擢針（順杆撩打手）；轉針（返上一按，滾手在外，撩手紮腳跟）。

總名曰：金針不渡

天河定底針，不比凡間金。中流稱砥柱，定封出步林。神棒沖煙起，天河水會邊。仰手探海底，吸水出寒泉。下有鯉魚子，擺尾不敢前。

他掉尾，我即仰手下搠其膝蓋，雖猛烈不可紮死，若入地下則難起矣。完時他未動，我一撩，他使潛龍，我使週而復始。

第十九勢　金剛現纂（現者顯而不秘也）

金剛運神威，現纂降提杵，不肯輕抬起，恐嚇幽明鬼。

側身仰勢

抬起杆子，右步橫，左步順點擊，後手往上抽，前手側拿槍頭往下斜布胸前，以為紮腳膝之計（氣靠胸間）。

第十九勢　金剛現纂

第十九再解

佛家八大真金剛，威風凜凜現毫光。寶杵高提頭抬起，管教魑魅盡潛藏。

又銘曰

金剛大，貌崢嶸。現出纂，鬼魔驚。把山門，禪院清。

是一個吊盡

四大金剛，貌似不揚。纂杵現出，惡鬼奔藏。

體會現字

縮地（閃搗腳陰手使）；韋足（外搠根擰杆使）；撥草（外撩手陰手使）；撩衣（內提紮便仰手使）；把門（上紮口轉手使）；鎮山（上紮鼻凹再轉手使）。

總名曰：金剛護體

不念金剛咒，就念金剛經。驀現幽冥裏，兒臉亦暮驚。金剛又金剛，金剛意氣昂。一縷翻金線，雙目閃電光。等閒頭不抬，嚇爾惡鬼亡。

他中平分心而紮，我使杆頭往後一撥，下紮他左膝蓋。他斬手，我將杆往上一提，即進步使側手撩其左膝，用半盡斜提杆子。他中平托杆，我起去紮他左膝蓋，他往後退仆地潛龍勢。此是發端遲，不可不知，而知者，誰乎？我亦中平托槍，他劈心來，我往後一開，然後滾仰手紮襠。

第二十勢　當面劈打（劈者分而不合也）

春風拂柳絮，當面二目迷，驚殺天尊子，如風來得疾。

半側身微探勢

他仆地潛龍靜待，我微進左步，掀右腳後跟使杆，若下其膝狀，卻轉陰手送紮其面，為風之疾，不可攔擋（氣點前食指尖）。

第二十再解

長槍大戰戲雙鋒，擺尾搖頭欲化龍。奪地出雷虹彩起，翻雲覆雨落巫峰。

又銘曰

當面槍，望面東。劈頭打，躲不開。風驟至，禹門雷。

是一個送盡

既是君子，何蓋當面。只恐劈，你看不見。

第二十勢　當面劈打

體會劈字

打耳（仰推右耳）；打腮（合手打左）；打胸（紮心）；打腹（紮肚）；打膝打腿（與上一勢）；打腳（下按打腳面）。

總名曰：當面試話

小人退己步，君子當不羞。紅塵東（來）拂面，船行風打頭。打人莫打臉，防他暗中點。除去腳與手，而後望面颩。但聞聲響疾，疾雷那得掩。

他捕潛龍抽紮，我即轉陰手，返上劈打其面，為風之之疾，不能躲閃。

第二十一勢　二郎摘草（摘者棄而不收也）

二郎探龍宮，嚇去九頭蟲。尋得靈芝草，弄壞水晶宮。

伏身走盡勢

他使白雲蓋頂，我收身往後一伏，前腳跟一擰倒後，左手一按，右手一抽回，自而視為鋤草之狀，是個利盡，掄抽靠左脅下，氣頂下胲，兩腳尖俱擰回向前，兩腳跟向後微斜。

第二十一再解

昨夜天臺雨乍飛，萬紫千紅逗芳菲。佳人拾翠回頭看，擊得王孫意不歸。

按下紮胸，掛開扎手，槍次則姜女穿洞。

第二十一劫　二郎摘草

又銘曰

楊二郎，顯神通。摘芝草，鬧龍宮。除邪神，誰爭功。

是一個回盡

糞堆以上，卻長靈芝。一鋤坎去，不扭頭兒。

體會摘字

牽摘（後抽拉手）；推摘（紮胸分割手，回手掛開勢）；順摘（滾紮脅）；重摘（打頭）；偷摘（架紮腹，紮胸脯）。

總名曰：手摘星辰

休鬪二郎神，二郎神卻真。除去靈芝草，龍宮間會人。覓得芳草地，終朝擱己盤。卻顧翻會意，摘取間有情。功成身已退，華竟有誰聲。

他蓋我頂，我身往後一伏收，摘下些進原有回手，但在架中不可紮也。

第二十二勢　馬上使劍（使者去而不阻也）

馬上意悠悠，使劍復何求。敵人追何急，一動命難留。

斜伏身側頭要回轉勢

他取耳，我收左腳往前斜上一步，抽後手挑前手，側斜理其杆，眼往後看（左額角上挑氣）。

第二十二再解

曾記當年戰虎牢，三人合力逞英豪。任他呂布方天戟，騎馬追風劍怎逃。

掛開扎手，硬在自帶枷，返高使攔手，進步低，在殺手下撩手使。

第二十二勢　馬上使劍

又銘曰

三尺劍，砍萬重。馬上使，疾如風。長阪坡，趙子龍。

是一個撥盡

誰家帶劍，馬上使之。吹手過去，一刎難支。

體會使字

掛劍（往左一撥扎手）；推劍（順杆推割捽頂在上使）；跨劍（上右步抽杆割手在內使）；反劍（雲頂紮打右耳腮）；折劍（起手勢一收放紮胸）；按劍（上右步，按杆割手，前高後低勢）。

總名曰：公孫舞劍

出襲荊州城，後面有追兵。抽下雙股劍，回首使青龍（此是外青龍擺頭勢）。飛身上高去，回頭掣雙鋒。重影才三尺，吹毛過萬重。不得歐冶氣，哪收風故功。

他取耳，我杆往後一略，推打前手紮面割項，在槍架內只可一咯，即是若推去下面，饑鷹側翅不大順便，故留手攔路使用。

第二十三勢　饑鷹側翅（側者斜而不正也）

鷹下九重天，側翅日翩翩，欲揚而先仰，群鳥不敢覷。

斜伏橫身

他捕食順杆刷打我手，我上右步回左步，兩足走歸一條路，左腳尖顛踏，根向後腿彎繃直，左膀尖往下一栽，身往前一伏，將他劈打閃躲（氣閃左肩尖上）。

第二十三再解

饑鷹束翅下原田，倒側斜歪不看天。眾鳥翻飛應急去，金瞬玉瓜不空拳。

壓下起打腦後返左，低則退步紮腹，高則懸腳紮胸。

又銘曰

鷹逐鳥，側翅忙。身先仰，而後揚。拂羽下，燕雀藏。

是一個閃盡

饑在易食，雙爪搏蟲。膀兒一束，側身掠地。

體會側字

插翅（滾手回紮腳尖）；挑翅（順杆撩手）；捕翅（返上降杆打手）；展翅（雲杆打耳腮）；衝翅（撩手衝紮鼻）；刷翅（閃下蹲身下打腳）。

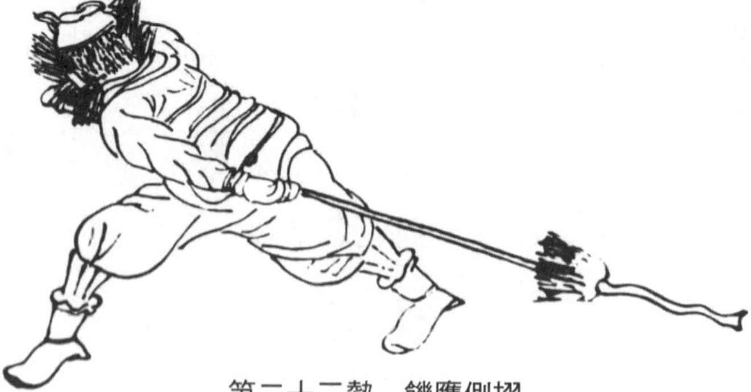

第二十三勢　饑鷹側翅

總名曰：黃鷹灑膀

文家有正宗，得力在偏鋒。粗中孰細密，定是落後松。蒼鷹情何急，回顧下田塘。斜飛落燕，展翼臥鴛。奮擊會有待，理頭且自羽。他捕食打手，我左膀尖往下一栽躲過他杆子，回杆閃紮其前手。

第二十四勢　鷂子翻身（翻者轉而不死也）

饑鷂出深林，翻身正驚人，唯有山般力，一徜五嶽分。

側身左點勢

他杆打下落空，我翻身而起，右腳橫，左腳尖順點，微進杆回紮其手虎口（氣鑽食指尖）。

第二十四再解

聿彼晨鳳鬱此林，愁看鳥雀出高林。開睜展翅搏霖爪，鷂子翻身落彩禽。

側者，使槍反；高者，使棒打胸，落下打手。

又銘曰

鐵膀鷂，落深林。反身動，拿雀禽。矚浦鷗，早驚心。

是一個驚盡

翻身鷂子，鐵膀千山。穿林而出，四裂五分。

體會翻字

側身（順杆撩手起）；橫身（偷腳碾步，按杆橫截手）；轉身（望頭雲杆打耳腮）；倒身（上右步伏身使杆

第二十四勢　鷂子翻身

夾）；右脅（下左手仰右手按挑他手）；退身（退右步綻手打他杆落地）；仰身（使槍橫他杆子往外以開。此句仍使上勢，偷上右腳，高提手搠紮小便）。

總名曰：翻身鷂子

鐵鷹側翅去，餓鷂翻身來。穿林疾於馬，鳥雀一齊摧。聿彼飛隼鳥，漫遊空展翅。拂羽初掠地，翻身已出林。皆燕燕雀子，應目畏驚禽。

我側羽躲開他杆，即回紮其手，要猛要疾，方像鷂子之勢也。

第二十五勢　青龍擺頭（擺頭者撥而不起也）

青龍身明虬，伏屈意不留。爾有一尺穴，只怕一點頭。

長身外靠勢

他穿棱紮虎口，我右步略橫，左步拉顛，抽後手滾前手外靠閉他杆

（氣貼左脅下）。

第二十五再解

信吐白蛇尚未休，青龍回首忽悠悠。左宜右有逢原取，原取變穿著意抽。

順手使轉手，使左槍謹防靠槍紮打。

又銘曰

甲卯乙，小青龍。頭三擺，氣落客。驕兵計，一戰功。

是一個交盡

他也有頭，我也有頭。我一擺

第二十五勢　青龍擺頭

頭，你難抬頭。

體會擺字

仰擺（高提手仰扎手）；按擺（低後手按前手扎手）；內擺（轉陰手扎手）；外擺（側揚手掛杆推扎手）；圈擺（杆往裏一圈攔助）；戲擺（猛力一拔使之吃驚）。

總名曰：群龍首

東方小青龍，溫和又姿容。頭尾只一擺，煙香一萬重。欲入青龍穴，先擺白虎頭。時來又時往，似去又似留。識得真訣竅，擺頭不擺頭。

他紮我虎口，我即抽杆擺住閃身外一大空，方是直訣。

第二十六勢　烏龍展背（展者放而不拘也）

烏龍出北海，長虹何處來。放爾項下珠，一展誰放開。

仰側身大勢

他開鎖割取食指，我上右步橫左步，順顛前腳微進，身往下探轉陽手，提杆照他鼻尖，挒紮他小便（氣栽頂門上）。

第二十六再解

烏龍擺尾伏長河，逆水倒流出碧波。唯有金針神鉤手，翻身展背葛山坡。

靠槍小便伏下，側身紮後手。

又銘曰

正北方，是烏龍。展開勢，背

第二十六勢　烏龍展背

玲瓏。剜心槍，謹避封。

是一個插盡

青龍之頭，烏龍之背。八爪一展，形神兼備。

體會展字

穿襠（轉外陰手搖膀擰紮小便）；剜心（返上仰手撞紮胸脯）；摘膽（仰手高提叩紮腹）；入洞（返上轉陰手紮口）；抓耳（落下打手雲頂打頭）；掰腳（仰手搗紮足）。

總名曰：大展經綸

烏龍未展爪，奪背先舒甲。但看十一鶓，定把猿猴抓。烏龍翻碧淵，青龍擺頭先。藏來疑縮背，觸處起飛泉。誰敢開進鎖，一展命難全。

他開鎖紮我手，我即轉陽手仰紮其右大腿。

第二十七勢　羽王拔戟（拔者利而不礙也）

羽王持大戟，臨陣自會敵。雙手抱得緊，威勢似釣魚。

側身橫頭伏俯

他轉腿紮腳，我即拔步抽杆，右步微橫，左步拉順顛摟住杆頭（氣靠右胯）。

第二十七再解

項王鐵戟世無雙，信手拔來可獨扛。虎視眈眈睛不轉，神威赫赫鎮烏江。

紮腳打手，送紮胸脯。

第二十七勢　羽王拔戟

又銘曰

使畫戟，楚伯王，拔則獲，誰敢當。戰垓下，赤泉旁。

是一個粘盡

方天畫戟，用備不虞。抽身而退，技茅連茹。

體會技字

擲戟（紮腳）；矛戟（擺膀紮咽喉，亦在外使）；托戟（外滾紮胸）；提戟（梁杆推割手在外使）；持戟（攔手內紮心）；射戟（閃外舉杆上紮目）。

總名曰：倒托畫戟

把釣臨江岸，俯視不轉睛。伏下窩弓勢，專待猛虎行。畫戟挑西邊，拔來信杆牽。殿在非敢後，往而利會前。猛虎倒退洞，威風滿山川。他雙開鎖紮腳，我 退伏身，抽杆撥住他杆。

第二十八勢　玉女捧盤（捧者端而不偏也）

玉女捧空盤，三杯項下傳。獻去爾莫飲，會福消受難。

正身住勢

他撩手，我即退左步拳，左手順杆擄回，雙手合在一處仰面而立，兩腳尖顛擎俱仰平（氣鼓小腹）。

第二十八再解

美女娟嬋捧玉壺，三杯項下伴何斟。勸君莫飲杯中酒，醉倒玉樓不自禁。

擄下搖膀頂紮頂，下落打腳那紮

第二十八勢　玉女捧盤

小便。

又銘曰

右玉女，捧金盤。飲斟酒，心膽寒。張部敗，中機關。

是一個搖盡

盤中有酒，笑中有刀。眼看玉女，醉倒春宵。

體會捧字

覆足（仰手紮腳）；獲足（仰手紮鬼眼穴）；認釬（仰手紮小便）；捧心（仰手平紮心）；探喉（仰手上紮喉）；鎖口（仰手上紮口）。

總名曰：玉女守門

曹豹不識此，恰中回馬槍。周善油江口，難免水中亡。撣捐推玉女，落容奉金盤。捧持雙手托，仰祝一柱觀。接爾三杯酒，令人心膽寒。

他撩杆打手，我收左手一擂，右手一仰斜紮他腳，紮左腳，方是一

來側秀，一來留空，打教他右邊使根推。此一勢極難紮，皆因那邊拔甲利害，不敢進前。然以陰陽妙理體會，彼往挑我，自應往前進，方得元竅。若以退後，則精神不聯，前後、側身、側上，亦奇變之格耳。摁按他披甲起，我拳左手伸右膀進步下紮腳，他懸左腳推根一當，顧住還稍打我頭，我右手一勒，回來舉此接住此方，不是於兩橛，但舉主此而云彌高。論至此而講益深，習至此而迷頓作，疑至此而悟輒開，正而微側，側而仍正，是在善學，在心領神會之而已矣。

第二十九勢　伯王舉鼎（舉者擎而不墜也）

伯王施神功，千斤鼎能擎。雙手仰托住，勇氣動處生。

側身面微斜仰勢

他若執手劈下，我進左步仰左手，豎右手面微斜仰，以舉鼎勢斜掤其杆（氣頂兩手心）。

第二十九再解

惟有伯王意氣鐃，千斤銅鼎只轉挑。巨靈一背神仙掌，撐其漢天柱兩條。

上挑下榨返高勢而降打，長身仰面推去掃打腳。

又銘曰

千斤鼎，非等閒。萬人敵，力拔山。會輕重，都一般。

是一個頂盡

伯王神勇，會揚可當。鼎足三分，稱起棟樑。

第二十九勢　伯王舉鼎

體會舉字

得中（雙落手榨）杆以攔挑杆紮胸；大烹（按下紮腹）；上行（猛力一舉掤住打）；折足（落下紮足）；顛指（上右步倒根將他杆按下使不及起）；革耳（追上紮耳）。

總名曰：力能扛鼎

寶鼎是重器，運掌托天空。進步終有益，退後便會功。天生伯王勇，猛虎翻金睛。鼎勢千斤重，手舉一芥輕。雲集生古木，銀漢接鳳城。

他打頭，我將杆仰手一抽，掤住他杆，他撩根推，我往前進，將杆斜抱中，杆頭朝下，左肱一捲，把頭入在他杆下。

第三十勢　勒馬聽風（聽者立而不前也）

古有勒馬槍，人家不能防。看風而變化，逢機實為良。

身微斜退勢

他打披甲，我一接住即順勢往後一抽，勒壓兩腳尖，立地長身，目微斜視（氣按胸脯上）。

第三十再解

勒馬衝鋒自古強，隨風變化最為良。胸中十萬兵戈在，鐵膀一搖勇英當。

回馬外，陰手棨身、棨肩內，仰手棨胸，便返高降下棨咽喉，脫下棨脅、棨腳。

第三十勢　勒馬聽風

又銘曰

勒住馬，耳聽風。虎須豎，豹眼睜。當陽橋，曹瞞驚。

是一個壓盡

勒住奔馬，勇冠三軍。側耳聽風，壓頂烏雲。

體會聽字

左勒（抽杆牽過攔他打內）；右勒（撥杆掛過攔他打外）；中勒（靠山勢一提攔他紮腳）；上勒（迫上降杆攔他紮面）；謹勒（再著力一勒攔他再紮）。

總名曰：勒馬觀兵

泰山覆累卵，梨花壓海棠。迎風處變化，勒住回馬槍。將馬奔濤驚，騁馳耳生風。直前是趕月，追後是流星。雙鏈忙勒住，大八蛇矛橫。

我接住轉陰手往後一勒。

第三十一勢　急三槍（急者往而不過也）

我有急三槍，一動誰敢當。直紮氣不停，妙處在灑膀。

側身猛紮勢

他被甲打，我即按住往後一勒，右步橫，左步顛，送順點直紮其目，不容少緩（氣催右額角）。

第三十一再解

桓侯自古稱豪強，倒拔蛇矛閃電光。聲若巨雷驚發後，虎牢三戰奉先忙。

連杆帶棍，借杆使內外上下一

第三十一劫　急三槍

氣勒送，盡到不懈。

又銘曰

猛回首，急三槍。金樽灑，人難防。取上將，可探囊。

是一個猛盡

遲則不及，敏則有功。急急如律，三陣東風。

體會急字

一急（蓋頂一杆）；二急（刺喉一杆）；三急（劈胸一杆）；四急（劈腹一杆）；五急（紮腳一杆）；六急（返高紮腳）。

總名曰：三分寶鼎

粗中卻有細，忙裏去偷閒。雨打殘花破，烈火燒荒山。急則何能擇，三戰氣倍揚。入川顏嚴畏，出褒許褚傷。可憐曹瞞將，聞風喪當陽。

他一擊，我即猛紮其面目。

第三十二勢　鳳凰點頭（點者指而不速也）

鳳凰落丹山，梧桐枝上眠。

不肯輕點頭，點頭出大聖。

側身外掄勢

他收起手，我即閃身上右步，邊抽杆直紮其肩窩，前手微側而仰，後手低，名曰自帶申（氣點食指尖）。

第三十二再解

梧桐老幹長朝陽，聞道丹山落鳳凰。五彩和鳴天下曉，同影（聲）相應在高崗。

第三十二勢　鳳凰點頭

搓杆內紮面，掛杆推項，返高布在順手紮脅。

又銘曰

鳳凰主，鳴枝周。高崗上，齊點頭。出褒地，刺虎侯。

是一個入盡

鳳凰朝陽，和鳴笙簧。頭兒一點，吹裂翠崗。

體會點字

一點（返閃紮喉）；二點（閃外紮耳）；三點（返內上紮頭）；四點（閃高提手紮肩窩）；五點（落下小四平掄紮胸）；六點（返上硬紮腹）。

總名曰：鳳凰三點

碧梧堪棲鳳，鳳凰自有頭。頭兒點一點，竹實信可求。丹山何處是，於彼有朝陽。萋萋生桐梧，祥雲落鳳凰。暗中點一點，和鳴曉八方。

他收起手，我即抽杆往身外紮其肩窩，要帶搖膀盡，方落小四平有力。

第三十三勢　身外右槍（右者右而不左也）

右槍莫難後，勢平而托杆。誰曰氣不舒，一點見湧泉。

側身小四平勢

他使布手打手，我即閃身向右撩紮腿根，後腳橫，前腳尖顛擎，立杆擎膝，上紮其左膀（後手直送勢）。

第三十三再解

急風驟雨過關西，雷電交彰二目迷。忽見殘虹侵陝北，平浦濁浪板橋低。

托槍伏身紮膝，滾紮使降手紮脅。

又銘曰

不宜左，偏宜右。身外槍，須照後。是以似，唯其有。

是一個停盡

陟則在巘，復降在原。平平會奇，妙不可言。

體會右字

跨槍（迎手紮右腿根）；纏槍（擺頭紮右腹）；提槍（返外掛紮右腹）；回槍（轉內降手紮心）；偷槍（閃外上右步紮肩窩）；倒槍（換右手勒杆紮咽喉）。

第三十三勢　身外右槍

總名曰：左右逢源

外內合一道，法兒學分身。平平會奇處，謙謙能下人。已經破壁去，點睛又飛來。謝矢須蹲甲，疾走似銜枚。縱有伯王勇，能不困垓下。

他布，我即伏下脫紮其腰胯。

第三十四勢　腳底鼓槍（鼓者震而不搸也）

紮腳不紮腳，紮腳還是錯。到得落點時，方可云紮腳。

側身微斜斜搸勢

他左槍打我杆，我即收前手轉陰，往左邊按紮腳內踝，氣按食指尖，大抵以滾手紮腳為妙。

第三十四再解

穿林大蟒祇山腰，秋水橫空一座橋。當路白蛇腳舞風，風吹澗底小

松林。

滾手紮腳摟拔步，量天尺紮平。

又銘曰

腳底下，鼓兒喧。一聲響，出湧泉。張果老，撐鐵船。

是一個戲盡

足下何有，平地一雷。鼓舞震底，紅綻肥梅。

體會鼓字

點鼓（在外紮腳）；敲鼓（在內紮踝骨）；提鼓（順杆撩手）；擊鼓（返上劈打手送紮腹）；搖鼓（倒根

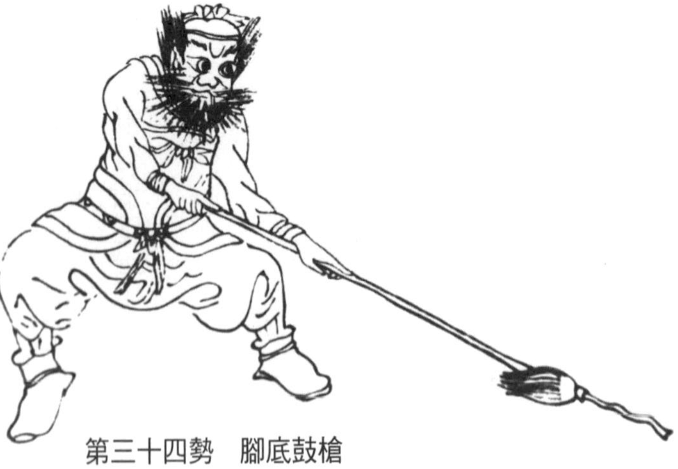

第三十四勢　腳底鼓槍

在外刷打腳）；伐鼓（梢根底打腳在內使）。

總名曰：鼓角動地

你有急三槍，我會灑地錦。前射花鼓響，板鐵定得穩。足下何所有，擊鼓自咚咚。欲撈海底月，須聽耳旁風。捷言慶忌子，那得避行蹤。

他躲杆，我即往內滾下紮其腳，須用擎盡，不可太狠，亦不可太飄；飄在必游，恨在難回。

第三十五勢　劈頭棒打（打者迅而不擰也）

何處落玉峰，直打山顛崩。不似人間棒，花果枝中生。

半側身上步勢

他靠山打我腳，我即轉陰手，上絞打其頭。右腳微側，左腳順點擎（氣俯食指尖）。

第三十五再解

九二陽剛方在田，龍頭露尾伏深淵。雷霆乍起潛龍躍，一道長虹飛上天。

崩槍梢沖天勢。

又銘曰

當頭抱，人人怕。出山棍，難擎架。凡間棒，丐有那。

是一個提盡

銅頭鐵額，棒打不開。花紅滿地，天外飛來。

第三十五勢　劈頭棒打

體會打字

挑打（轉手攉杆崩打他左手）；劈打（抽後手按前手打胸）；掛打（後手高前手低拉打腳）；栽打（蹲步上右腳使根夾右脅窩下打腿）；仰打（右胳肢窩夾杆，右手一挑仰打右耳腮）；橫打（左手攀右手一推平打脅）。

總名曰：打開後壁

舉頭出天外，岧嶢俯咸京。華山劈半個，三峰削不成。我有出山棒，驚定毛發寒。下紮湧泉穴，返上寒泥丸。龍門點頷者，已上釣魚竿。

他靠山，我即轉陰手高紮其頭。

第三十六勢 神龍掉尾（掉者餘而不盡也）

雲行雨施了，飛下九重霄。雖然歸滄海，掉尾意不撓。

側身坐勢

他棒破打我頭，我身微往後坐，左腿伸右腿屈，擎杆腳尖上紮臁骨，仍還元勢（氣擎左腳尖）。

第三十六再解

甘霖沛降滿長空，陽氣潛龍大海中。
用九群龍元首吉，微茫一點見神功。

伏下一仆，返高沖夫紮咽喉，落低紮腳，仍返上打手打腹。

又銘曰

龍會頭，不見角。掉神尾，沒捉摸。影射著，覺後覺。

第三十六勢　神龍掉尾

是一個伏盡

龍歸大海，虎臥深山。末後一段，首尾一班。

體會掉字

剪尾（外剪杆絭腿）；擺尾（內擺杆絭腿）；豎尾（徜身穿絭下顛）；拔尾（往後一拉掛絭腿）；搖尾（往外一撥絭外臁骨）；掃尾（一云掃打腿後根）。

總名曰：有頭有尾

神龍不見尾，神龍不見頭。無頭又會尾，掉尾亦掉頭。神龍點睛去，變化有餘情。探爪生雲雨，掉尾隱形蹤。陽氣潛藏下，滄海吐微萌。

他打頭，我即望地一仆伏，絭其臁骨，杆順擱自己腳尖上。

十、猿猴拳圖譜

第一勢　猿猴養性出洞中

垂手併足而立，兩腳微向下一沉，蹲蓄力縱跳至左前方，兩掌隨勢向上分畫，跳澗之勢，兩腳落地併足下蹲，十趾抓地，兩手由下勾手上挑至胸前，屈肘勾指朝下。

第二勢　跳天縮地為轉蓬

兩手分捽，雙腳猛然縱起，兩足落地蹲沉，兩手由下向上並拳上沖，而後再縱跳，兩手分畫由上而下並拳

猿猴養性出洞中

跳天縮地為轉蓬

下砸，雙手上下連環縱跳三次，身沉，穀道收合，氣貫湧泉穴，眼往前看。

第三勢　仙人指路分左右

身勢向右側一閃，兩腿隨勢向右前橫向踐跳，左腳先行起跳，右腳向左腳前落步，隨之右腳再上步成丁八步勢。同時，左手摟刁後擱於大腿胯旁，右手挽一花，旋弧穿掌至前上方，眼看右手指尖。

第四勢　高雲觀星仰蒼穹

橫顛一步回收至左腳旁，身子向左擰轉，右手屈肘從肩窩下一插，

仙人指路分左右

兩手交叉旋畫，左手上穿，右手下穿，兩掌豎直，兩手腕旋擰，左手小指上頂領氣，仰頭上看。十趾抓地，腳跟提起。

第五勢　直下東海擒龍子

隨上勢，身子落下，右腳微向前顛步，左腳上步為丁八步勢。雙手隨勢分畫摟撥，左手放於右肩下，右拳向前下栽打敵之小腹，或左手伸抓外臂。

第六勢　蘇秦背劍起長虹

左手旋擰分畫作一跨馬勢，右腳踐

高雲觀星仰蒼穹

直下東海擒龍子

跳立地，左腳前伸蹬出，尖勾朝上，右手陰掌挑摟，扳擱於天平上，將敵腿摟翻栽倒，左手同時摟勾，將敵進拳封畫，勾手擱於左胯側後旁，為負劍勢。

第七勢　抹額鍾馗周前後

隨上勢，左腳落地，右腳上步。右手從後順勢摟抓其面，再轉身子，左手前勾摟，右手隨勢由下上挑，勾摟至頭前，左腳在前向後一顛步，左手勾指回貼於左乳旁，作一高探馬勢。

蘇秦背劍起長虹

抹額鍾馗周前後

第八勢　二換策腳摧羆熊

接上勢，高探馬閃一門戶，他若沖拳打我胸腹，我右手一摟封住他手，右腳往襠裏一踢，虛探一腳，然後飛起左腳照著小腹策腳踢入。

第九勢　鵬搏萬里遮日月

隨上勢，右腳落地，左腳亦隨之落步，身子隨勢往前一進，長身立起，右手伸起旋弧摟勾上架，五指勾尖朝下擱於頭面之上，左手在胸前畫一弧圈，握拳

二換策腳摧羆熊

鵬搏萬里遮日月

擱於心坎上，眼望前看，再一退，左邊亦為此伯王觀陣之勢。

第十勢　暗弓射雕顯良工

隨上勢，兩手向左旋畫一圈，左拳在前，右拳在後，二龍戲珠之勢，向敵左邊肋內一入，隨勢右腳上步，左手摟撥，用右肘順敵手臂下衝撞，擊打肋窩之處，神力一發，疾不可防。

第十一勢　轉爪飛舞人難顧

虛探一拳打出，他若攔封，我右手掄爪繞圈摟勾敵手，隨勢側身

轉爪飛舞人難顧　　暗弓射雕顯良工

退步提膝，左手掄爪點其手面或抓其臉面，真可謂飛舞而難顧也。

第十二勢　玉女捧盤震崆峒

回收勢，左膀在前側身進去，兩手陰勾十指合摟分畫三圈，起腿雙震腳，隨後兩手掌一還作一捧盤獻壽勢，弓身前附，雙手托敵下頦處。

第十三勢　跨虎登山九牛力

接上勢，右腳提起回收震腳落地至左腳旁，兩腿下蹲沉身，右手旋畫下插穿掌擱於右大腿內側旁，左手由下向上在胸前畫一圓圈，向左上穿掌伸臂。隨動勢右腳猛力一蹬踹出，轉左邊亦然，再轉右邊一刷一蹬，作九牛之力而可。

玉女捧盤震崆峒

跨虎登山九牛力

第十四勢　金鵝抱卵驚兒童

接上勢，他顧頭必一栽，我右拳畫弧上衝仰打其面。他攔封我手，我左手往下摟撥，右拳再往其胸前扣入沖拳，身微附下沉，丁八步勢為天鵝放卵，驚殺兒童不小。

金鵝抱卵驚兒童

第十五勢　野馬提鈴雙聳峻

敵飛勢疾速來時，我閃身斜側迂迴，雙手隨勢從下旋畫，勾挑將敵手摟撥於外，隨之從敵手臂下穿閃進之敵側後，反手勾敵咽喉之處，雙手勾指上下相照為野馬提鈴，而雙耳竹批之峻者。

第十六勢　翻身跳澗看果紅

隨上勢，雙手下落，身子隨後向左旋轉，右腳隨轉勢向後落步而後起腿踐跳，身子旋轉一周面朝左前方，雙手隨勢由下向上

野馬提鈴雙聳峻

翻身跳澗看果紅

交叉分撩一圓弧後，擱於頭頂兩側，手背朝前，指尖朝上，仰頭上看。

此法注重用肩靠衝撞敵身。

第十七勢　掃畫塵埃清根抵

他從右邊進擊，我右手自內往外摟旋封住，右腳落為實步，左手再一勾挑，將敵手封外，左腳隨勢下掃他右腳，仆步勢身子下沉。摟手掃腿要周身合一，腳到力發，一步到位。

第十八勢　倒插楊柳入花叢

接上勢，敵從後襲打，我翻身勾挑將進擊之手封化，左手著地旋轉擰身，突然下伏沉身，左腳平俯朝後蹬出，踹蹬敵方

掃畫塵埃清根抵

倒插楊柳入花叢

閑來偷上人參樹

小腹之處，摟撥封化，轉身踹腿，一氣呵成，無有間斷。

第十九勢　閑來偷上人參樹

隨上勢，左腳隨身擰轉收落，右手隨勢反臂勾挑，將敵從後進拳封化，右腳回勢一步，立身，左手勾指上撩擱於左頭側上方，虛勢，右手旋畫摟抓敵之面目，同時左腳提起，目往上看。

第二十勢　火焰穿心誰敢攻

他沖拳擊打我頭，我右手穿掌，左手從右手臂下上穿掤架，將敵手封住，右手握拳平衝打其心窩，兩腳隨踐換步法，丁八步勢，身沉力發，目往左看。

第二十一勢　擎捧蟠桃獻王母

接上勢，右手往回一插閃身，踐換步法，右手旋摟抓拿敵腰一提，左手順其頸項上托其下頦，使敵傾倒栽出。手法到位，步勢跟擠。

火焰穿心誰敢攻

擎捧蟠桃獻王母

第二十二勢　六鷂退飛回不同

接上勢，回身收步，雙手交叉分畫身之兩側，右腳回墊一步震腳，雙手再向胸前畫弧，下摟勾掛，將敵雙手分撥於外，而後左腳一蹬，踹敵胸坎之上。

第二十三勢　二郎上到凌霄殿

他進勢衝打，我閃身乘勢飛起右腳跟，往他臂尖使力一蹬，騰空而上，再使右手順腿往下摟起，雙腿屈收，一騰蹬空，為二郎直上凌霄殿之勢。

二郎上到凌霄殿　　六鷂退飛回不同

第二十四勢　鐵牛耕地喜豐年

接上勢，兩腳落地，身子長起，左腳向前墊步，兩手同時向身側兩旁分撩張開，左腿提起如白鶴亮翅之狀。隨不停留，左腳向前落步，右腳橫平朝前下著地犁去。兩手隨畫弧合併，兩掌背朝內，左掌在前側立勢，指尖朝前下方，虎口朝下，兩手臂斜伸朝下，下伏坐盤勢。

第二十五勢　廣寒宮裏雙杵動

隨上勢起身，右腳提起落，左腳回轉墊步，身隨勢轉。右手同時反轉，擒拿敵之手腕向後牽引，左手屈肘旋臂，用肘尖

鐵牛耕地喜豐年

廣寒宮裏雙杵動

豎搗敵肩背之處，兩手一牽一發，整身合一。

第二十六勢　獨佔鰲頭望海東

接上勢，左腳後撤一步，兩腿交叉下蹲坐盤勢，右腿在上，左腿在下，腳跟立起，腳趾抓地。左手在身前撩畫一圈，屈肘橫臂，掌指橫勾擱於胸前；右手隨勢在頭前旋畫挑勾至右耳側旁，勾指朝下，眼往前看。

第二十七勢　齊赴通天迷津渡

接上勢，兩腳旋轉立起，身子擰轉，兩手撩畫，右手旋撩平伸，左手

獨佔鰲頭望海東

齊赴通天迷津渡

插於右肩下。右腳放步裏扣，左腳下蹲，身子下沉蓄氣，右腿猛蹬地騰起，左腳上旋策腳。右手隨勢伸展勾手，左手迎合腳底拍掌，旋風策腳之勢。

第二十八勢　行者探路耳聽風

隨上勢，兩腳落地，左腳向右前方上步為弓步勢，身子隨勢前俯探身。右手旋弧摟勾封敵手臂，左手同時下探敵襠部勾抓，右手勾指提擱於右耳前，為聽風之勢。

第二十九勢　八戒劍口藏懷內

他劈面雙手衝打我頭面，我腰旋閃身，右手旋圈勾挑封撥，左手隨勢由外向裏、由

八戒劍口藏懷內　　行者探路耳聽風

下而上摟勾化封，雙手勾指連環封敵。兩腳隨勢墊步，向右撤連退兩步。

要點：雙手交叉封化，身搖步隨，輕靈閃躲。

第三十勢　攝腳攝手伏窩弓

他沖拳進擊，我右手摟刁將他手封住，右腳往襠部一踢，左手順勢朝他臉面反掌一捧，再回左腳一踢，左手回勾下摟，右手再向前順腳面一撩，氣著腳尖。

攝腳攝手伏窩弓

第三十一勢　五行山下一聲響

隨上勢，左腳落步，右腳提起，右手在腹前旋畫一圈，左手由上而下，雙手上下穿掌，右手小指領氣。身子提起，右腳猛然落步震腳，左腳隨勢起腿為雙震腳勢。同時，上手往下，下手往上，右拳左掌合拍為震山勢。

第三十二勢　嘴兒尖尖眞悟空

接上勢，雙手交叉在胸前，往上分撥撩畫三次圓弧後，右手由下曲勾上挑擱於右耳側旁，左手由下而上將頭面一摸，成雷公嘴尖勢擱於下頦下，左腿隨勢上步虛點步，沉身下坐，觀陣收勢。

（全文完）

五行山下一聲響

嘴兒尖尖真悟空

國家圖書館出版品預行編目資料

萇氏武技全書（合訂本）／劉義明　編著
——初版，——臺北市，大展，2014〔民103.05〕
面；21公分——（老拳譜新編；18）
ISBN　978-986-346-018-3（平裝）
1.武術
528.97　　103004225

萇氏武技全書（合訂本）

編　　著／劉義明
校 點 者／常學剛
責任編輯／王躍平
發 行 人／蔡森明
出 版 者／大展出版社有限公司
社　　址／台北市北投區（石牌）致遠一路2段12巷1號
電　　話／（02）28236031・28236033・28233123
傳　　眞／（02）28272069
郵政劃撥／01669551
網　　址／www.dah-jaan.com.tw
E-mail／service@dah-jaan.com.tw
登 記 證／局版臺業字第2171號
承 印 者／傳興印刷有限公司
裝　　訂／承安裝訂有限公司
排 版 者／弘益電腦排版有限公司
授 權 者／山西科學技術出版社
初版1刷／2014年（民103年）5月

定價／480元

大展好書　好書大展
品嘗好書　冠群可期

大展好書　好書大展
品嘗好書　冠群可期